tagli

Feltrinelli

Flavia Carlini

Noi vogliamo tutto

Cronache da una società indifferente

Prima edizione in “Tagli” gennaio 2024

Stampa Grafica Veneta Trebaseleghe – PD

ISBN 9788807730627

FSC
www.fsc.org
MISTO
Carta
da fonti gestite in
maniera responsabile
FSC® C021883

GRAFICA VENETA
CARBON NEUTRAL

Questo libro è stampato da Grafica Veneta S.p.A.
con un processo di stampa e rilegatura certificato 100% carbon neutral
in accordo con PAS 2060 BSI

E quando parliamo abbiamo paura
che le nostre parole non vengano ascoltate
né accolte
ma quando siamo in silenzio
abbiamo paura lo stesso.
Quindi è meglio parlare
ricordando
che non siamo mai state destinate
a sopravvivere.

Audre Lorde

Per chi non ha più voce,
per chi deve ancora scoprire la propria.

Noi vogliamo tutto

Negli anni ho abitato dozzine di strade e di piazze in protesta. Ho partecipato, rumorosamente o in silenzio, a manifestazioni, cortei, riunioni e presidi. Tra tutti gli slogan e i cartelli che ho visto sollevare in strada ce n'è uno che mi ha colpita particolarmente e che mi sono quindi portata dietro nella costruzione della mia coscienza politica di cittadina: "Noi vogliamo tutto". Noi vogliamo tutto. Tre parole che sono in grado di racchiudere l'universo e l'universalità dei diritti, il rancore per il negato e il mai concesso, la rabbia incompiuta, l'alleanza sociale e collettiva. Tre parole per chiedervi: qual è il limite che è lecito porre alla libertà umana? Nell'epoca in cui la parola "compromesso" ha preso il posto della parola "libertà", nell'epoca delle negoziazioni, dei patti, degli accordi: noi vogliamo tutto. Nell'epoca del silenzio, noi vogliamo tutto. Rifiutiamo ogni contrattazione o compromesso sui diritti. Rifiutiamo l'ignavia dello stato. L'ipocrisia. La mediazione. Noi vogliamo tutto. Ed è con rabbia circondata da silenzio che, questo tutto, arriveremo a prendercelo. Perché dove c'è indifferenza, la democrazia muore.

Inizio

Provo un profondo disagio nei confronti dell'informazione che ci viene veicolata. Spesso, lo sconforto mi assale. Il telegiornale mi mostra una realtà che non riconosco, totalmente diversa da quella in cui abito. I giornali che leggo raccontano storie senza contesto, omettono nomi, colpe, responsabilità. Non è ai cittadini che l'informazione sceglie di dar conto, ma al potere e alle sue voci dominanti. Questa pressoché totale dissociazione tra la realtà e la rappresentazione che ne viene fatta mi ha a lungo confusa. La ricerca di informazioni che andasse al di là di fatti di cronaca mi è sempre parsa un lavoro complesso, ai limiti dell'indagine. Pieno spazio è dato alla tragedia del giorno, all'evento del giorno, al primato del giorno, nessuno spazio è dato al contesto sociale, politico e culturale in cui gli eventi avvengono. Ogni femminicidio è raccontato come totalmente distaccato dalle centinaia che l'hanno preceduto e che lo succederanno. Ogni strage oltreconfine è raccontata come una fatalità e mai come l'ovvio risultato di strategie politiche precise e pattuite. Ogni persona disoccupata è raccontata come il frutto della sua incompetenza e non come la naturale conseguenza di una politica costruita su precarietà e sfruttamento. Sono ad oggi fermamente convinta che viviamo in un sistema di informazione fallato: l'informazione, che dovrebbe vigilare sul potere, è in realtà asservita al potere stesso, e quindi ai sistemi di immobilità che esso ha costruito. Mentre la struttura politica è assoggettata a quella economica, l'informazione è divenuta il mezzo per quietare la massa e per rendere credibile agli occhi della collettività l'operato di un sistema totalmente fallimentare nel tutelare diritti e dignità delle persone. Eliminare il dubbio invece che alimentarlo: questo è, oggi, l'obiettivo della nostra informazione. E poco importa se in questo percorso solo binario che punta a individuare inequivocabilmente buoni o cattivi e a saturare ogni zona grigia, il risultato è che la complessità del reale venga abbattuta. Pressoché tutto ciò che passa sullo schermo oggi è show. Telegiornali e trasmissioni ci desiderano incollati a ciò che proiettano e raccontano, perché più spettatori significa più share, e maggiore è lo share maggiore è il pagamento delle inserzioni pubblicitarie. È così (anche) che la complessità viene sacrificata in nome del consenso e la critica in nome del pietisimo.

Io che scrivo, tu che leggi. Credo irremovibilmente nel valore del porsi degli interrogativi. Un'informazione corretta è un'informazione fatta di domande, un'informazione che invita a pensare e non ad assimilare passivamente. Mi rifiuto di accettare che vengano trasmessi contenuti senza che prima vi sia un'analisi critica della società, ed è questo che io reclamo: un'informazione che non sia ipocritamente neutrale, un'informazione che rimetta al centro le voci che provengono fuori dal sistema e quelle che provengono dal margine. È paradossale notare come nell'epoca in cui si millanta la centralità di concetti come l'eterogeneità e la multiculturalità, le voci deputate a discutere di tali concetti provengano nella grandissima maggioranza dei casi dal centro del sistema-mondo. Come si portà mai in questo modo seminare dubbi sul paese che abitiamo e sullo stato delle cose? Mi danno da riflettere le conferenze in cui si invitano ospiti autorevoli a discutere di parità di genere, ma neanche una donna è presente tra i relatori. Mi danno da riflettere i panel in cui si discute di geopolitica e degli impatti dei paesi occidentali sul resto del mondo, ma nemmeno a uno dei migliaia di testimoni dei sistemi di dominio internazionali viene passato il microfono. Il privilegio non è una colpa, ma è necessario raccontarlo con onestà. La svalutazione della storia, l'omissione omertosa e strumentale di ciò che si nasconde dietro gli eventi, la delegittimazione della rabbia: questi sono gli strumenti più potenti dello status quo; perciò è questo che voglio rimettere al centro del dibattito. La rabbia come miccia e motore di cambiamento. La rabbia mossa non dall'odio ma dalla consapevolezza.

Non c'è retorica in queste pagine. Restituire centralità alla rabbia e alla sua funzione trasformativa significa restituire centralità alle persone che questa rabbia la provano. Quelle che leggerete sono storie vere e testimonianze che ho raccolto e poi deciso di raccontare nella ferma convinzione che le esperienze individuali rappresentino condizioni di vita collettiva. Credo, altrettanto fermamente, che una consapevolezza autentica di ciò che ci circonda, dello spazio che abitiamo e che contribuiamo a costruire, non possa che nascere dallo scambio di esperienze e di visioni, dalla vita reale. Ciò che leggerete è indicativo, anche se certamente non esaustivo, di un sistema di violenze in cui siamo cresciuti nella convinzione che il funzionamento della società ci prescinda e non sia direttamente influenzato dal comportamento di ognuno di noi. Questa è una menzogna.

Nelle pagine che seguono non c'è caricatura né idealizzazione di personaggi o contesti, non c'è romanticismo né artificio narrativo. Non c'è invenzione, ma solo memoria, riportata in vita con lo scopo di riaccendere la luce sulle dinamiche quotidiane di una società fallata, costruita e preservata dagli esseri umani. Ciascun corpo è sì portavoce di una propria specificità, ma è anche testimonianza viva di una struttura di potere che, talvolta, lo colloca in una posizione di subordinazione o di dominio rispetto ad altri esseri umani.

Credo, quindi, che sia necessario chiederci qual è la posizione che ci è stata assegnata e qual è il ruolo che stiamo giocando nel sistema di potere imposto. È necessario, in termini semplici, che ognuno di noi si guardi allo specchio e si chieda se è parte della trasformazione che inevitabilmente avverrà o se, invece, sta scegliendo la sponda del silenzio, e quindi della connivenza. Si tratta di un percorso conoscitivo di se stessi, della propria oppressione, del proprio privilegio, della propria responsabilità. Vi invito quindi a leggere le pagine che seguiranno attraverso le necessarie lenti della decostruzione. Vi invito a riflettere, mentre leggerete, sulla vostra quotidianità e su quella del mondo che vi circonda. Vi invito a fermarvi, ogni volta che lo riterrete necessario, per analizzare i pensieri che vi sovverranno, per prendere aria, spazio, tempo. Vi invito, infine, a utilizzare le storie che seguiranno come parte del vostro processo di consapevolezza sul sistema umano di cui oggi siamo parte. Nella speranza di poter costruire presto una nuova realtà insieme, vi lascio ora affondare in quella rabbia che, spero, d'ora in poi vi animerà, perché quella che leggerete è la quotidianità del mondo che abitiamo.

A marzo, a un anno dall'inizio della mia esperienza lavorativa per una grande società, il mio capo, vedendomi starnutire, mi sussurrò – fissandomi le labbra – che l'idea di me che gli starnutivo in faccia rappresentava per lui un'interessante pratica erotica.

Quella, che io pensavo fosse solo una battuta di cattivo gusto, è stata invece il preludio di un intero anno di molestie.

Sebbene io non lavori più per la società in questione, tutto ciò che scriverò da ora in poi lo scriverò al presente riprendendo quelli che sono gli appunti, i messaggi, i pezzi di carta, le consapevolezze e gli interrogativi che, chiusa nel bagno dell'ufficio, scrivevo per dare contezza al mondo e a me stessa di quello che significa, oggi, essere una donna nel mondo del lavoro.

I primi dodici mesi sono trascorsi rapidi. La società per cui lavoro ha sedi in ogni continente e conta migliaia di dipendenti. Non posso dire di cosa ci occupiamo perché so che scriverlo qui significherebbe rischiare una costosa causa giudiziaria contro un colosso che fattura miliardi di dollari l'anno, ma posso dire di non essere l'unica ad aver subìto ciò che sto per raccontare. L'ufficio per cui corro alla disperata ricerca di un mio ruolo ha nove piani e un enorme terrazzo su cui non ho mai avuto occasione di salire. Ci sono molti ascensori, pareti vetrate, gigantesche scrivanie, divani a ogni angolo e scritte motivazionali sui muri. È il terzo mese del nuovo anno e io, fatta eccezione per qualche complimento dal dubbio gusto, non mi sono mai sentita davvero oggetto degli ambulanti falli che si dice abitino queste sale. Mi fermo però spesso a guardare ciò che mi circonda e posso dire che a lasciarmi interdetta non sono tanto i fallimentari rituali di approccio che alcuni uomini instancabilmente portano avanti, quanto piuttosto l'ampiezza del raggio di azione di questi individui dalla pelle bianca e levigata come un bidet. Più passa il tempo e più con stupore mi accorgo che i picchi ormonali di tali uomini sono in grado di coprire una distanza fisica davvero considerevole, che arrivano strisciando in tutti i dipartimenti della società, che passano per ogni piano dell'edificio e che sono in grado di colpire più donne contemporaneamente (non una, fino a cento, secondo me). Non riesco a immaginare quanto possa essere dura la loro condizione, considerando che ogni giorno si addentrano in un ufficio open space a maggioranza femminile tentando disperatamente di lavorare. È una notizia non verificata, ma mi hanno detto che, per smaltire il sovraccarico emotivo, c'è una chat di culi in condivisione tra alcuni uomini dell'ufficio. Culi femminili che, poco importa se ignari o rassegnati, sono costretti a muoversi tra quelle mura in ogni caso.

Sono due, nello specifico, i soggetti principali, e uno di loro è il mio capo. A pranzo, quando ci raduniamo in uno di quei ristoranti troppo pieni, facciamo delle enormi tavolate. A volte siamo una decina. Molte sono donne, i vertici, invece, sono tutti al maschile. Quando il pranzo è rapido e il tempo è poco siamo invece in cinque o sei. Spesso il mio capo porta con sé il suo amico, che ho soprannominato *le prodigieux* (il prodigioso), per la sua naturale capacità di somigliare a un mandrillo smanioso. Oggi a tavola mi è stato chiesto se mi sentissi pronta per la mia prima trasferta lavorativa. Il cliente, mi hanno detto, ha grandi aspettative. Mi sono detta pronta in un attimo. Bene, mi è stato risposto: e hai messo in valigia il babydoll? Non ho risposto. Sono andata via dal ristorante, umiliata e in silenzio. Ho sperato di essere sòla in ascensore per potermi guardare allo specchio e chiedere all'immagine di me stessa se fossi io a provocare quelle battute, quelle occhiate, l'esacerbazione della loro giovinezza da segaioli. Ho corso diretta dalla mia vicina di scrivania, con il vitello tonnato mai masticato, a chiedere se fosse normale ricevere domande sulla mia biancheria intima. Lei mi ha guardata fissa e mi ha detto di sì. Non ha tentennato, non mi ha rassicurata, non ha riso, non ha pianto, ha detto semplicemente: sì. Sì, è normale, ha detto. Sembrerebbe che una risposta più definitiva di un "sì" non possa esistere, ma l'effetto su di me è stato opposto. È normale che mi pongano queste domande o è normale che io debba riceverle? È normale nel senso che è un gioco o è normale nel senso che è una vessazione obbligatoria? È normale significa che tutti gli uomini le fanno o che tutte le donne le ricevono? È normale che chi ha ascoltato non abbia detto niente? Sono normali le risate che sono seguite? È normale che mi senta violata oppure è normale portare avanti un gioco di potere sul mio corpo?

Cosa, esattamente, legittima la loro smania di parlarmi così e di guardarmi costantemente come se fossi a mutande calate?

Lei non ha risposto.

Dopo il giorno in cui sono stata interrogata su quanto sexy sarebbe stato il contenuto della mia valigia ho evitato di farmi trovare nelle stanze frequentate dal mio capo. Ho evitato di starnutire per via delle sue pulsioni evidenti nei confronti (perfino) del mio muco. Ho evitato di rimanere sola con lui. Ho evitato di prendere il caffè per non incontrarlo alla macchinetta. Ho evitato di far cadere qualsiasi cosa sul pavimento per paura che lui fosse nei paraggi quando mi sarei dovuta chinare a riprenderla. Nonostante tutti i miei sforzi, però, a quel commento ne sono seguiti altri: "Che ti metti domani?", "Sei da sola a casa?", "Non mi inviti in montagna da te quest'estate?", "Come sei bella stamattina", "Come sei intrigante con gli occhiali", "Come sei affascinante senza occhiali". Mi dicono che sono elegante da seduta e statuaria all'impiedi, che ho delle belle caviglie, un collo morbido senza averlo mai toccato. Alludono, provocano, ma non mi offendono mai direttamente e così io non mi sento mai legittimata a lamentarmene. D'altronde, se avessi riso o urlato, per loro non avrebbe fatto alcuna differenza, avrebbero continuato. Il risultato è che qualsiasi raggruppamento umano in questo ufficio è, di per sé, una ragione più che sufficiente per sessualizzarmi e un modo come un altro (eppure sempre l'unico) per passare il tempo in compagnia. Ogni giorno, quindi, vengo anatomizzata in piena luce. I loro sguardi, se a volte sono fissi su di me, altre volte mi scivolano lungo il corpo ma, sempre, mi si posano sopra (e poi sotto, davanti, dietro). Mi osservano, sorridono, e democraticamente si spartiscono il mio corpo. In questa messa in scena, nonostante io abbia teoricamente la parte principale, non recito con loro. Adotto, invece, la tecnica dell'opossum: mi fingo morta per poter sopravvivere.

L'8 maggio è un sabato e io sono in ufficio. C'è un progetto importante a cui stiamo lavorando e le sale del mio piano sono piene. Nessuno ci paga per essere qui, ma la pressione è altissima e non ci viene data una vera scelta. Anche questo fingiamo che ci vada bene. Non essere l'unica donna in questa stanza mi fa sentire al sicuro e protetta dalla profonda paura che provo all'idea che una mano d'uomo scivoli accidentalmente sulle mie gambe o sulla mia schiena. Non so quale versione di lui incontrerò oggi, se quella gentile e accudente o quella intrusiva, molesta, viscida. Sono tranquilla, se c'è anche lei. Siamo tutti seduti su delle sedie rosse e da ormai trenta minuti stiamo parlando di un importante incontro di lavoro che organizzeremo. Sono seri, i capi, mentre parlano. Non si toccano tra loro né sorridono. Io e lei, invece, ci teniamo la mano sotto il tavolo. Non c'è dubbio che il fatto che in un ufficio a maggioranza femminile i vertici siano tutti al maschile mi dia da riflettere. È incredibile che le donne non abbiano mai avuto tanto potere come oggi e come questa stessa conquista venga utilizzata contro di noi attraverso la retorica dell'"avete tutti i diritti che hanno gli uomini", usata proprio per zittirci. Più ci includono, più ci pagano, più potere ci danno, più pretendono che la contropartita sia un silenzio diffuso. Più guardiamo al passato e meno motivate siamo a ribellarci, considerandoci fortunate anziché vittime di un sistema ancora più subdolo. Qui, in questa stanza tutta al maschile, di cui dovrei sentirmi onorata di far parte, se io adesso mi alzassi in piedi e urlassi "mi avete proprio rotto il cazzo", sarei probabilmente considerata una pazza, una pazza in carriera. Il sistema "meritocratico" è troppo sbilanciato perché una donna sola possa sfidarlo. Nessuno qui riconosce il profondo dislivello tra noi e loro, un dislivello che non ha le sue radici nell'esperienza o nella competenza ma, semplicemente, nel nostro sesso. Nessuno degli uomini in questa sala fa dei giovani maschi arrivati da poco in società lo specchio del proprio potere. Nessuno dà loro la caccia come se fossero prede. Nessuno gli chiede che tipo di boxer porteranno in viaggio o che cosa fanno a casa, da soli, la sera. Nessuno dei miei colleghi uomini riceve telefonate alle 23:00 di un venerdì sera dai propri capi ubriachi che, ridendo, urlano "Ci mancavi!". Qui, in questa stanza, con questi occhi puntati addosso, la questione non è il sesso, ma il potere: e io sono lo specchio che lo riflette. È quasi ironico come il mio ragionamento, in questa stanza piena di voci e cravatte, venga interrotto dalla sua stessa conferma. "Portiamoci le ragazze," dicono seri, "così facciamo vedere che la figa ce l'abbiamo anche noi." Avvampo. Vorrei dire qualcosa, davvero, vorrei dirla, ma quali parole potrei mai pronunciare per interrompere tutto questo? Quante donne avranno parlato prima di me e quante non potranno mai farlo? Ha senso, ora, dire qualcosa? Stringo la mano di donna che è nella mia. Sono entrambe bagnate di sudore. Non è paura, questa, è rabbia. "Adesso basta," lo pronuncio ad alta voce. Lei mi tiene giù, fa forza con il braccio, non vuole che mi alzi, non vuole che mi arrabbi, vuole che faccia finta di nulla perché sa che non cambierà niente. Mi stringe la mano. Nel frattempo, però, suda. La mia doveva suonare come una minaccia, ma la verità è che, nelle loro maschili orecchie, deve aver avuto tutt'altro suono, perché iniziano a ridere, e hanno una risata così brutta che sembra un latrato. Non tutti ridono, alcuni tacciono, altri sorridono e basta. In quella connivenza collettiva loro, senza sosta, continuano a ridere. Che cosa sarebbe successo se non fossi stata io a pronunciare quel "basta", ma un uomo? Forse, se qualcuno si fosse intromesso, interrompendoli, avrei potuto pensare che il problema non siano gli uomini, ma il sessismo. Eppure, ora, in questa stanza di risate e silenzio, non posso che ascoltare inerme una tristissima evidenza del contrario. In che modo tacere di fronte a quelle scene quotidiane li fa sentire innocenti? Perché non sentono la colpa nel silenzio che scelgono? Perché non sentono la responsabilità di fermare quel cameratismo perpetuo ai nostri danni?

Un po' di dati

In Italia sono 1.404.000 le donne che nel corso della loro vita hanno subìto molestie o ricatti sessuali sul posto di lavoro: si tratta dell'8,9% delle lavoratrici attuali o passate, incluse le donne in cerca di occupazione. Nei soli tre anni precedenti l'ultima indagine Istat, ovvero fra il 2013 e il 2016, hanno subìto questi episodi oltre 425.000 donne (il 2,7%). Nella quasi totalità dei casi, l'autore del ricatto sessuale sulle donne è un uomo e nell'11,3% dei casi la vittima subisce più ricatti dalla stessa persona. Sono, rispettivamente, l'11,9% e il 10,1% le vittime che per essere assunte hanno ricevuto ripetute richieste di prestazioni sessuali e di disponibilità sessuale dallo stesso autore; nel caso dei ricatti sessuali per ottenere avanzamenti o per fare carriera, la quota di donne che li ha subiti più volte dalla stessa persona è più che doppia: il 25,5%.

Considerando tutti i tipi di ricatto sessuale sul lavoro, il 32,4% viene ripetuto quotidianamente o più volte alla settimana, il 17,4% si verifica all'incirca una volta a settimana, il 29,4% qualche volta al mese e il 19,2% ancora più raramente. Negli ultimi tre anni, la quota di donne che hanno subìto ricatti tutti i giorni o una volta a settimana è ancora maggiore (rispettivamente 24,8% e 33,6%).

Negli ultimi tre anni di riferimento dell'indagine, la quota maggiore delle vittime lavorava o cercava lavoro nel settore delle attività professionali, scientifiche e tecniche (20%) e in quello del lavoro domestico presso famiglie o convivenze (18,2%). Seguono i settori della sanità e dell'assistenza sociale (10,2%), del commercio all'ingrosso e al dettaglio (9,9%) e delle attività manifatturiere (8,6%).

Ai fini di avere una visione chiara della vastità del fenomeno delle molestie e dei ricatti sessuali in ambito lavorativo in Italia, mi preme sottolineare quanto segue: nell'80,9% dei casi le donne vittime di ricatto sessuale non ne parlano con nessuno sul posto di lavoro, e solamente il 15,8% di coloro che subiscono ricatti nel corso della vita racconta la propria esperienza. Negli ultimi tre anni le motivazioni più frequenti alla base della mancata denuncia sono state le seguenti: la rinuncia al posto di lavoro (22,4%), la mancanza di fiducia nelle forze dell'ordine (22,1%), l'essersela cavata da sole o con l'aiuto dei familiari (19,5%), la paura delle conseguenze per sé e per la famiglia (18,3%), una scarsa gravità percepita dell'episodio (18%).

Non sarebbe corretto concludere qui la panoramica degli abusi perpetuati nel mondo del lavoro in Italia. C'è un'altra fila di dati su cui è necessario accendere una luce: quelli sull'enorme quantità di persone appartenenti alla comunità Lgbtqia+ che subisce abusi in ambito lavorativo. L'indagine Istat-Unar *Discriminazioni lavorative nei confronti delle persone Lgbt+ (Non in unione civile o già in unione)*, pubblicata nel 2022, rileva quanto segue: il 26% delle persone occupate o ex occupate che hanno dichiarato di essere omosessuali o bisessuali afferma che il proprio orientamento sessuale ha rappresentato uno svantaggio nella propria vita lavorativa in almeno uno dei tre ambiti considerati: carriera e crescita professionale, riconoscimento e apprezzamento, reddito e retribuzione. Circa 6 persone su 10 hanno sperimentato almeno una micro-aggressione, cioè messaggi denigratori o insulti. Il 6,9% di queste ha pensato seriamente di abbandonare il lavoro sebbene non lo abbia fatto, il 2,5% ha di fatto lasciato il lavoro. Il 40,3% delle persone afferma, non a caso, di aver nascosto il proprio orientamento sessuale per evitare ritorsioni. Il 30% dichiara di aver subito almeno un evento di discriminazione mentre cercava lavoro. Nel suo saggio *Le grandi dimissioni*, Francesca Coin scrive: "Per far sì che i diritti siano estesi alle comunità discriminate serve, anzitutto, una trasformazione culturale, rispetto alla quale è prezioso il lavoro dell'attivismo e dell'associazionismo Lgbtqia+ che opera per portare alla luce le forme di discriminazione esistenti e impedire che si ripetano circostanze in cui la fuga dal luogo di lavoro diventa un modo per proteggersi da un atteggiamento persecutorio e ostile. In questo caso, è chiaro che le dimissioni non sono affatto una scelta politica, ma il sinonimo di un fallimento sociale, prima ancora che lavorativo".

Mi preme puntualizzare, però, che i numeri sopra riportati non comprendono in alcun modo le molestie, gli abusi e le violenze perpetuate ai danni delle persone trans e non binarie, come specificato dalla ricerca stessa. Ci spostiamo quindi su un altro rapporto, redatto nel 2014 da Mit e Arcigay, con il finanziamento congiunto di Unar e del Dipartimento per le pari opportunità. Nel rapporto, chiamato *Rights at Work*, si legge: "Negli ultimi dieci anni il 13% delle persone gay e lesbiche ha visto respinta la propria candidatura a un colloquio di lavoro a causa del proprio orientamento sessuale e questa percentuale sale vertiginosamente al 45% per le persone transessuali. Se inseriamo questi dati nel più ampio contesto di crisi economica emerge un quadro preoccupante che vede le persone gay, lesbiche e transessuali maggiormente esposte al rischio di esclusione dal mercato del lavoro. Da questa premessa è più facile comprendere perché più di un quarto dei lavoratori Lgbt (26,6%) decide di tenere celato il proprio orientamento sessuale, temendo un peggioramento della propria condizione lavorativa o addirittura un licenziamento. Questo dato, affiancato all'esperienza di chi invece ha deciso di fare 'coming out' e perciò ha subito discriminazioni, trattamenti iniqui o addirittura il licenziamento (25% tra le persone trans), ci consegna l'idea di un mercato del lavoro che ancora non riesce a includere e anzi a valorizzare le differenze di cui i lavoratori possono essere portatori".

Fonti

Coin, F., *Le grandi dimissioni*, Einaudi, Torino 2023.
Istat, *Indagine sulla sicurezza dei cittadini*, 2015-2016.
Istat, Unar, *Discriminazioni lavorative nei confronti delle persone Lgbt+ (Non in unione civile o già in unione) - Anni 2020-2021*, 24 marzo 2022.
Mit, Arcigay, *Rights at work. Diritti al lavoro*, febbraio 2014.

(Ri)specchio

Mi sono chiesta a lungo se mettere nero su bianco ciò che sto per trascrivere, se denudarmi su pagina, se raccontare o meno questo spiraglio di vita quotidiana. Mi sono chiesta se riprendere queste parole con tono saggistico o narrativo o ironico o polemico. Mi sono anche chiesta quale sarebbe stato il senso e l'utilità di imprimere su pagine di pubblico dominio la sensazione che provo nel guardami allo specchio ogni mattina, nel coricarmi la sera, nel camminare per strada di giorno e di notte. La risposta che mi sono data è che trascorrere il sabato pomeriggio a chiedersi cosa significhi essere una donna oggi non può essere una cosa solo mia. Scrivo ora queste righe introduttive con consapevolezze che nei miei appunti da bagno non avevo, scrivo in tono serio rileggendo frasi che, in fondo, mi fanno sorridere nella loro ingenuità. Ora vedo la rabbia che le prossime parole nascondono, ma prima, mentre le scrivevo, mi sentivo solo vittima di un sistema che non avevo ancora decifrato e di cui questo è un piccolo e pesante pezzo. Ve le lascio così, nel loro tono originario, perché da questa tenerezza per me stessa è nata la rabbia che oggi coltivo.

È lunedì mattina. Come ogni giorno della settimana mi piazzo davanti all'armadio e guardo per almeno dieci minuti tutti i miei vestiti immaginando ogni combinazione possibile e cercando il mix perfetto tra eleganza e silenzio sociale. Uno sforzo disumano, il lunedì mattina, immaginare ogni singolo commento che ogni singolo abito potrebbe sollevare mentre vado in ufficio, mentre salgo le scale, mentre sono in riunione, in piedi, seduta, se mi cade la matita, a pranzo, quando esco dall'ufficio, se è buio, se c'è vento, se prendo l'autobus, se prendo il motorino, a che ora esco, se il tabaccaio lungo la strada è chiuso, che rischio c'è?

Cosa sono disposta a sentirmi dire?

E allora si passa al vaglio ogni stampella. Troppo lungo, troppo corto, troppo aderente, troppo floscio, troppo scollato, troppo accollato, troppo colorato, troppo cupo, troppo rigido, troppo leggero, troppo. Questa attenzione al vestiario ha vari retrogusti. Adesso, mentre sono in pigiama e continuo a guardare l'armadio con fissità insana, ha il sapore di cautela. Eccolo, il gioco di ruolo di ogni mattina: immaginarsi uomo e poi guardarsi. Mi chiedo se sia una forma di protezione o di tutela, se è per scomparire o prevenire. Però mi chiedo anche se, in fondo, molte donne non si guardino sempre così, con lo sguardo di un uomo. Mi domando se lo sguardo di un uomo e di tutti gli uomini non sia diventato, alla fine, il nostro metro di giudizio per noi stesse, il nostro stesso sguardo.

Mentre me lo chiedo torno donna, perché non ho tempo. Non ho tempo perché sono donna e ogni mattina devo inserire nella mia agenda almeno 40 minuti per il lavoro di revisione del mio viso e del mio corpo. Mi divido in pezzettini piccoli e mi studio, mi analizzo, mi valuto. Parto dal piede troppo magro su cui infilo la prima calza che tiro lungo la gamba troppo secca fino al ginocchio troppo grosso, per poi passare ai fianchi troppo spigolosi e finire con la pancia, che mi sembra andare bene. L'elastico però mi stringe e quindi, come ogni volta, devo prendere le forbici e tagliare i collant in vita perché altrimenti mi sento stritolare le budella da un cerchio nero di lycra che sembra il nome di un evento apocalittico, ma non è altro che il tessuto di un paio di calzamaglie taglia seconda che secondo me sono adatte giusto al girovita di un neonato. Alle 11:05, orario di riunione, mi sentivo così compressa che ho avuto un attacco di diarrea. Ho pensato che fosse colpa mia e della mia insofferenza, ma forse devo ritrattare perché ho appena visto una mia collega vicino al lavandino che tirava l'elastico dei collant con fare disperato. Se pensa di riuscire ad allargarlo così è proprio un'illusa. Torno a casa più serena, perché in fondo non è un problema solo mio.

Torno a casa e faccio una ricerca, cerco "calze larghe in vita". È una ricerca per tutte le donne in silente difficoltà, non solo per me. Scopro un nuovo universo di calzamaglie e collant di ogni possibile colore e materiale. Scopro e studio calze snellenti, rimodellanti, contenitive, termoattive, con prezzi allucinanti. Non trovo niente sul problema universale della lycra strizzabudella. Trovo però i "Magic Bodyfashion Spectacular Legs Collant Sunkissed Super Control", a vita bassa. Non sono sicura di aver bisogno di tutte queste doti per i miei collant, ma potrei aver bisogno della vita bassa. Magari anche delle *spectacular legs* perché le mie forse sono troppo secche. Tra le infinite liste che mi piace compilare c'è anche una lista dei soldi che spendo ogni mese. Quello che mi concedo di spendere è diviso in categorie: 300 euro per mangiare (ho i buoni pasto, quindi non conta, ma ci tenevo a dirlo perché così si capisce che è una cifra alta, così si capisce che mangio, così la gente la smette di chiedermi, in continuazione: "Ma mangi? Ti si vedono le ossa!". Sì, cazzo, mangio). Poi 60 euro per uscite varie, 50 euro per coprire i vari abbonamenti di cui ho bisogno come l'aria. Spese mediche (ammontare indefinito). 50 euro da mettere da parte ogni mese per il viaggio dei miei sogni. Poi 150 euro, li ho chiamati i "soffri che ti passa". Non lo so, forse quando ho scelto il nome volevo esorcizzare l'enorme fetta di stipendio che ogni mese spendo per essere perfettamente, conformemente, naturalmente ma non troppo, bella e adatta. Mi sono dovuta dare un limite, 150 euro, e mi è infinitamente difficile rientrarci. Questo mese ho un disperato bisogno dei Magic Bodyfashion Spectacular Legs, che mi sembrano la soluzione a ogni mio problema estetico e intestinale, e poi ci sono tutti quegli altri investimenti necessari in creme, lozioni, balsami, trucchi, saponi, epilazioni, vestiti nuovi per poter adeguare il mio guardaroba agli sguardi d'ufficio. E poi ogni acquisto che faccio è legittimo perché è per "prendermi cura di me". Quindi, insomma, stiamo parlando a tutti gli effetti di investimenti necessari. Li spendi, soffri, ma ti passa. Poi stai quasi meglio, giusto? Non si parla sempre di shopping terapeutico o di prendersi del tempo per se stesse? A me lo dicono sempre, in ufficio, dopo avermi spremuta come un limone per tutta la settimana: "Adesso hai due giorni per prenderti del tempo per te, sei contenta?". Che poi, non so perché, lo dicono in continuazione, ogni settimana, a me e alle mie colleghe. Però io non li ho mai sentiti dirlo agli altri uomini. Chissà se è perché il loro tempo e i loro soldi già gli appartengono. Anche perché poi io il weekend pulisco casa e faccio la spesa, mentre il mio coinquilino gioca alla PlayStation o smanetta al computer.

Quindi il mio tempo mi sembra più un bene di collettiva utilità che davvero mio. Comunque, io adesso, mentre guardo il resoconto di quanto ho speso fino a oggi, e siamo solo alla metà del mese, mi avvilisco. Penso a mio padre, che vuole sempre fare vacanze in super stile, chissà se anche lui spende 150 euro al mese per "prendersi cura di sé". Io non credo, perché ha peli dappertutto e di sicuro le creme non le usa. Lo so per certo perché quando mi faccio le maschere all'argilla mi guarda sempre come se fossi una povera insana. Anche se poi quando ho i brufoli mi dice di fare qualcosa: "Non ti ho mai vista così brutta".

In ufficio abito senza sosta il timore che il mio valore risieda nel mio aspetto e in null'altro. Come posso sottrarre soldi al mio mensile investimento senza perdere nulla di tutto ciò che ho guadagnato, senza perdere la mia credibilità, la mia immagine di giovane donna in carriera? Non l'ho mica decisa io, l'immagine della carriera, è già confezionata e distribuita. Perché è così, se sei donna oggi la carriera ha una sua immagine: istantanee di come dovrei essere mentre entro a passo duro nell'azienda. Non l'ho deciso io, che per poter essere davvero una donna in carriera devo essere sempre ben vestita con i tacchi a spillo, con il trucco perfetto e i capelli perfetti. Non l'ho deciso io che devo avere sempre più scarpe, e sempre più alte, e sempre più trucchi. Non l'ho deciso io che devo per forza depilarmi anche le braccia e indossare queste maledette calze di lycra, per essere tonica, per forza. È come se facesse parte del "gioco di essere una donna in carriera". Mia nonna ha detto che per noi è più facile lavorare, siamo più lanciate, ma io mi sento in gabbia. Tuttavia, percepisco che è il prezzo da pagare per potermi sentire, davvero, adatta. Perché se tutte queste cose non le faccio, e se compro meno balsamo, qualcuno mi dirà:

“Sei caduta dal letto o sei semplicemente esaurita?”, come mi ha detto il mio capo quel mercoledì mattina in cui avevo dimenticato di pettinare i capelli per la fretta. Io vorrei comprare meno cose “per me”, perché non credo che siano davvero per me. Ma non riesco a non pensare al rischio di scomparire. Come tutte quelle donne, dei programmi “prima e dopo”, che prima di depilarsi e truccarsi e farsi la tinta e cambiare armadio non esistevano. E poi hanno fatto tutte queste cose, e di colpo esistono. Come tutte quelle donne, in tutti quei film, che hanno deciso di cambiare la loro vita comprando dei vestiti nuovi e il rossetto rosso e prima erano nulla e poi sono diventate finalmente qualcosa. Io l’invisibilità non credo di averla mai abitata e non voglio andarci ma tutto quello che mi circonda mi dice: scegli, o quello o le catene. E forse trucco, capelli e cerette non sembrano catene, ma due giorni fa sono andata al bar sotto casa in tuta e senza trucco e ho incontrato un mio compagno dell’università che mi ha abbracciata e poi mi ha detto: “Hai una faccia terribile!”. Gli ho risposto che non mi sentivo bene e lui mi ha suggerito di truccarmi, così sarei tornata carina come sempre. “Non ti posso vedere così.” Lui mi vuole bene, ma senza trucco non mi può vedere, perché gli sembro brutta e non posso proprio. “Ma questo mo’ che cazzo vuole,” ho pensato. Nonostante io l’abbia pensato, però, questa cosa tira forte come una catena. Ogni volta che vado al bar, adesso, mi guardo allo specchio con la stessa insana fissità con cui pianto gli occhi sull’armadio ogni mattina e mi chiedo se posso uscire così e, se lo faccio, mi sembra addirittura una rivoluzione. Lo racconto a un mio caro amico e lui ne ride e mi dice di mettermi un po’ di mascara, così questi stronzi me li levo dai coglioni. Non è anche questo forse un modo per incatenarmi? Zittirmi per zittirli, che senso ha? Ora ci sto pensando, mentre aspetto l'autobus, a ogni altro filo che mi tira. Non è un blocco nella stasi, quanto piuttosto un limite a ogni possibile movimento. "Valorizzarsi" mi appare oggi una catena corta e stretta come un laccio emostatico. "Valorizzarmi" mi annebbia un po' la vista e non riesco a capire cosa mi piace veramente perché, anche se non voglio, modifico continuamente le caratteristiche del mio gusto sulla base di ciò che potrebbe "ottimizzarmi". Ora mi guardo... è esattamente così che stamattina sono finita a indossare una camicia di un fucsia che mi valorizza. E io odio il fucsia. Continuo a chiedermi, mentre ormai sono zuppa di pioggia fino ai piedi, quale sia il confine tra valorizzarsi e adattarsi, tra valorizzarsi e limitarsi, tra valorizzarsi e imprigionarsi.

È lunedì mattina e il mio capo, purtroppo, è ancora qui. Oggi ha deciso di dirmi che sono particolarmente bella con il vestito rosa cipria che avevo accuratamente scelto per non farmi dire niente di simile. Lui non lo sa, ma io speravo che mettendo un vestito oltre il ginocchio non sarebbero arrivati commenti. Forse un saio potrebbe funzionare. Sì, un saio, gli dico. La prossima volta metto quello. Lui ride, io invece sudo. È spinto da qualcosa, non credo che nel suo caso sia un conato. Mi mette la mano sulla spalla. Spero di puzzare, così magari si allontana. Mi guarda ascetico e mi dice: "Tu che tanto ci tieni a queste cose, dovresti renderti conto del potenziale che hai. Anzi, che avete, voi, le donne!". Non ho ben capito a quale potenziale si riferisca, ma dai suoi occhi scivolosi sono abbastanza certa che non si tratti di quello intellettivo. "La donna è molto più valida degli uomini perché la donna è bella, lo dicevano anche i Greci. E la bellezza, devi capire, governa il mondo. Io adesso non ti guardo, ma ti ammiro.

La bellezza dà potere, perché la bellezza, signorina, incanta. Lo capirai crescendo." Tra imbarazzo, rabbia, rancore, ilarità, vergogna, onestamente non so a quale sentimento aggrapparmi. Vorrei abitare degli spazi in cui il mio corpo e gli altri corpi non siano argomenti di conversazione. Il mio corpo, mi sta dicendo, viene prima di me. Dico che si sbaglia, e mi allontano, tutto qui. Deludente per chi legge, deludente per me stessa.

Io me ne accorgo mentre sono in questo bagno che la bellezza dà rispetto. Me ne accorgo perché in queste mura c'è chi deve sopravvivere a risa e cattiveria. C'è chi viene considerata brutta e viene presa in giro, sempre. Per me, invece, la mattina c'è sempre il caffè sulla scrivania. Nessuno mi deride. Ma se sta tutto solo nel guardare, se io sono solo da guardare e non c'è timore nel dirlo apertamente, mi sento solo un gran bell'oggetto. E in questo, c'è rispetto?

"*bellezza=rispetto; bellezza=oggetto; oggetto=rispetto*," scrivo.

Cerco una formula. Cerco un senso. Ma la rabbia mi zittisce.

Perché, mi chiedo, se per gli uomini il potere sono i soldi, per me deve essere il mio corpo?

Un po' di dati

Lontano dall'essere superficiale, il tema del costo della bellezza è enorme in termini numerici ed economici. Non disponiamo di dati italiani affidabili che stimino l'impatto economico dello standard di bellezza a cui ogni donna è chiamata a rispondere suo malgrado, ma diverse fonti statunitensi hanno fatto luce su quella che è l'entità e la dimensione del fenomeno. In un recente studio l'associazione non profit Ywca ha stimato che non solo le donne negli Stati Uniti spendono gran parte dei loro soldi in cosmetici – un totale di 7 miliardi di dollari all'anno –, ma stanno ora adottando misure sempre più drastiche per alterare la propria apparenza attraverso mezzi chirurgici. I soldi spesi per la chirurgia estetica e i trattamenti estetici non chirurgici stanno aumentando drasticamente tra tutte le donne. Quanto vale la bellezza in denaro? Quanta istruzione? Un anno completo di tasse e spese in una università statale corrisponde a quasi cinque anni di risparmio di 100 dollari al mese normalmente spesi su prodotti cosmetici e di bellezza. Un anno di tasse e spese è di 6185 dollari; cinque anni di risparmi sui prodotti di bellezza equivalgono a 6423 dollari. Quanti risparmi per il pensionamento? Se una donna investisse l'importo medio di denaro che spende mensilmente per un trattamento di manicure e pedicure (50 dollari) nel suo conto pensione ogni anno per dieci anni, avrebbe quasi 10.000 dollari alla fine di quel periodo. Punto cruciale è che le implicazioni economiche di tutto ciò si estendono anche sul luogo di lavoro, dove la ricerca mostra come le donne che non si conformano a determinati standard di bellezza sono colpite professionalmente e finanziariamente. I pregiudizi basati sull'aspetto fisico e l'attraenza, infatti, sono una problematica crescente, al punto che uno studio ha scoperto che i datori di lavoro credono che un bell'aspetto contribuisca al successo delle loro aziende. La diretta implicazione di questo sono i seguenti dati: i lavoratori con un aspetto "al di sotto della media" guadagnano circa il 9% in meno rispetto ai lavoratori con un aspetto "superiore alla media", mentre coloro che hanno un aspetto "superiore alla media" tendono a guadagnare circa il 5% in più rispetto a coloro che hanno un aspetto "medio". Secondo una ricerca pubblicata su "Forbes" che ha esaminato 30 studi sulla discriminazione basata sul peso, questa "influisce costantemente su ogni aspetto dell'occupazione, dalla selezione all'esonero, dalle promozioni all'allocazione del salario, dal supporto nella carriera alla disciplina".

Altra tematica centrale in termini di costo economico è quella del lavoro di cura gratuito richiesto alle donne. Nel 2015, circa 12 milioni di persone hanno avuto bisogno di assistenza e cura (8,1 milioni di bambini di età inferiore ai 15 anni e 3,9 milioni di anziani), scrive l'Organizzazione internazionale del lavoro (Ilo). Chi si occupa di queste attività? Le donne, dice l'Ilo, in modo totalmente gratuito. In Italia il 74% del totale delle attività di cura e assistenza non retribuito è sulle spalle delle donne. In Italia, le donne svolgono 5 ore e 5 minuti di lavoro non retribuito di assistenza e cura al giorno, mentre gli uomini solo un'ora e 48 minuti. Questo dato pone l'Italia al quinto posto nel continente europeo (dopo Albania, Armenia, Portogallo e Turchia). Nei paesi vicini, la proporzione di lavoro non retribuito di assistenza e cura svolto dalle donne è inferiore di oltre 10 punti percentuali rispetto all'Italia (Francia 61% e Germania 62%). Questo fa sì che le donne abbiano meno tempo a disposizione rispetto agli uomini. Che impatto ha ciò sulla vita della donna? Il lavoro non retribuito di assistenza e cura alla persona, scrive l'Ilo, costituisce il principale ostacolo alla partecipazione delle donne al mercato del lavoro. Solo in Italia, il 21% delle donne in età lavorativa dichiara di non essere disponibile o di non ricercare lavoro attivamente a causa del lavoro non retribuito di assistenza e cura.

A questi dati dell'Ilo va aggiunto un aggiornamento: a seguito della pandemia di Covid-19 il carico di lavoro di cura non retribuito è aumentato in Italia di circa 15 ore alla settimana. Si tratta di oltre due ore al giorno in più che la donna è stata costretta ad aggiungere ai suoi quotidiani compiti di assistenza domestica e non solo. A queste condizioni, l'impatto sulle possibilità lavorative delle donne è intuitivo e purtroppo confermato dai dati: secondo l'Istat nel 2020, su 101.000 posti di lavoro persi, 99.000 appartenevano alle donne che, in molti casi, hanno dovuto rinunciare al lavoro (e quindi al proprio guadagno) per potersi occupare di quel lavoro di cura non retribuito necessario. Domanda ineludibile a questo punto è: quanto vale il lavoro che tutte le donne quotidianamente e gratuitamente svolgono? Oxfam ha calcolato che nel mondo il lavoro di cura non retribuito aggiunge valore all'economia per almeno 10.800 miliardi di dollari l'anno. Cifra che, specifica l'organizzazione, è stimata per difetto. Nonostante ciò, scrive Oxfam, la fetta maggiore dei benefici finanziari va ai più ricchi, la maggior parte dei quali sono uomini.

Fonti

Armour, S., *Your Appearance, Good or Bad, Can Affect the Size of Your Paycheck*, "USA Today", 20 luglio 2005.

Forbes.com, *Is Your Weight Affecting Your Career?*, 21 maggio 2008.

International Labour Organization 2018, *Care Work And Care Jobs For The Future Of Decent Work*, 2018.

Oxfam International, *Avere cura di noi. Lavoro di cura non retribuito o sottopagato e crisi globale della diseguaglianza*, gennaio 2020.

Rinaldi, A., *Le signore non parlano di soldi. Quanto ci costa la disparità di genere?*, Fabbri Editori, Milano 2023.

Tietje, L., Cresap, S., *Is Lookism Unjust? The Ethics of Aesthetics and Public Policy Implications*, "Journal of Libertarian Studies", vol. 19, n. 2, pp. 31-50.

Ywca, *Beauty at any cost*, 2008.

L'oppressione seduce

Credo ci sia un momento preciso, nella vita di ognuno di noi, in cui accade che una luce improvvisamente si accenda permettendoci di vedere chiaramente quel mondo che, fino a poche ore prima, non sapevamo di abitare. Per me è stato il momento in cui mi sono resa conto di aver paura di andare al lavoro ogni mattina, per la mia amica V. il giorno in cui è stata stuprata, per M. il giorno in cui è stata strangolata dal suo fidanzato, per A. la prima volta che è stata inseguita mentre tornava a casa, per B. quando non ha potuto che guardare inerme i maltrattamenti subiti da sua madre, per S. quel venerdì mattina in cui è stato picchiato dalla polizia durante un corteo pacifico, per T. il primo commento omofobo che ha ricevuto, per G. il giorno in cui ha letto quel libro pieno di dati sul razzismo in Italia. Da quel giorno, ognuno di noi non è più riuscito a guardare il mondo con gli stessi occhi e non si è più chiesto il "perché" di ciò che accade con fare casuale ma, piuttosto, con la frustrazione che, da quel momento in poi, non ha più smesso di abitarci. Ci siamo chiesti come abbiamo fatto a non capirlo prima, ci siamo chiesti come fare per cambiare le cose, ci siamo a volte rassegnati all'idea che mai potremo cambiare ciò che ci circonda e che, quindi, tanto vale arrenderci. Oppure, in alternativa, piegarci per sopravvivere.

Esistono tre tipi di donne, ha detto qualche settimana fa il mio capo: la donna da salotto, la donna da letto e la moglie. Non l'ha detto a me, ma a un mio collega. Un amico. Lui, in totale disaccordo, per pacifica convivenza non ha risposto. Dall'altro lato della tavolata un altro uomo ha al contrario riso divertito e annuente. Non sono forse entrambi colpevoli di non aver interrotto il flusso di stronzate? Non è forse questo stesso flusso di stronzate ad agevolare il flusso di molestie nella collettiva connivenza? Non è forse per chi ride e per chi tace che sono qui a scrivere, alle 5 del mattino, sull'importanza che può rivestire un paio di pantaloni nella vita di una donna? Il motivo per cui i giorni passano (le pagine scorrono), e io continuo a scrivere del luogo infernale che è il mio ufficio, è che, credo, rappresenti perfettamente il sistema mondo. Credo che sia un microcosmo di chirurgica rappresentanza delle strutture di dominio che abitiamo e che, qui dentro, ho iniziato a comprendere. Un ragionamento che ho fatto incolpandomi, sempre chiusa nel bagno dell'ottavo piano, per aver scelto di assumere sembianze e comportamenti di un uomo nel tentativo di sfuggire all'ombra che mi porto dietro in quanto donna. Me ne sono resa conto il giorno delle valutazioni aziendali, in cui la frase di incoraggiamento che ho rivolto a me stessa è stata: "Comportati da maschio e vedrai che andrà bene". E così ho fatto: l'uomo. Purtroppo, però, non mi sono limitata a scegliere i pantaloni blu taglio maschile o a rendere artificialmente più cupa la mia voce, ho invece coscientemente scelto di adottare tutto quell'insieme di comportamenti maschili che io stessa detesto. Non sarò certo l'unica a fare questo ragionamento, mi sono raccontata. Non sarò certo l'unica a scegliere di mortificare la mia libera scelta per cercare di mimetizzarmi tra gli uomini e apparire così più credibile o autorevole. È un mezzuccio per aggirare le distanze, un trucchetto per risparmiare sulla disparità: provo a fare l'uomo così non vengo discriminata o molestata o, quanto meno, mi tengono a distanza. Insomma, questo è il pensiero codardo che mi guida: se faccio l'uomo tra gli uomini mi prendono sul serio. L'ha fatto Margaret Thatcher, l'ha fatto Marine Le Pen, l'ha fatto Golda Meir e lo fa Giorgia Meloni: replicare le tecniche maschili per affermarsi in un mondo di maschi. Sono o sono state donne con il potere, loro. Hanno interrotto il flusso di dominazione tutto maschile. Ma hanno infranto in questo modo il soffitto di cristallo azzerando i pregiudizi sulle donne? Hanno ridotto la distanza nell'enorme cratere della disparità di genere? Oppure, come disse Hadley Freeman parlando di Margaret Thatcher, "ha sfondato il soffitto di cristallo e si è tirata su la scala?". Sono lontana dal definire queste donne di potere portavoce delle istanze femminili. Lontanissima dall'immaginarle un esempio di successo nel riscrivere i ruoli di dominio che orchestrano i rapporti di subordinazione tra di noi. Violenza e sopraffazione sono quello che in tante crediamo l'antidoto al sessismo, illudendoci di giocare così ad armi pari. È una bugia. Una bugia che ci raccontiamo. Il problema è che quando scivoli nell'idea che questo sia l'unico modo per ottenere rispetto non riesci più a uscirne. La mascolinità è terribilmente comoda da abitare in questo ufficio, in questa società, in questo paese e io l'ho fatto: ho fatto l'uomo anche solo per assaggiare, per qualche minuto, il potere di sentire qualcosa (o qualcuno) da schiacciare sotto i piedi, anziché il peso perpetuo dell'essere schiacciata.

Sono uscita di casa e ho percorso il corridoio senza concedere alle donne intorno a me lo stesso privilegio che da sola mi ero attribuita quella mattina. Ho camminato passando al vaglio ogni donna. Mi sono bastati pochi secondi per infilare ciascuna femmina in una categoria (letto, salotto, moglie). Non ho avuto bisogno di conoscerle, non è così che funziona. Ho preso in considerazione la lunghezza della gonna o l'aderenza dei pantaloni, lo spessore dei tacchi che indossano. Ho guardato sotto la scrivania per vedere se avessero le gambe incrociate o semiaperte. Una, due, tre, cinque, dieci, le ho infilate nei loro scomparti e sono andata avanti. Quante volte l'ho fatto senza accorgermene? Quante volte ho pensato che una ragazza che mi passava a fianco fosse "una donna da niente" per come era vestita o per il modo in cui rideva? Quante volte mi sono sentita in competizione senza alcun motivo? E il premio qual era, se non l'attenzione maschile in un mondo in cui ci chiedono di essere "diverse dalle altre"? "Diversa dalle altre" in un gioco di eterna competizione tra donne. Vincere sulla comune mediocrità femminile, questo significa. E la mediocrità femminile, in questo discorso, è teorizzata e immediatamente assunta come assolutamente valida.

Decido di entrare nella stanza delle valutazioni aziendali con quella spavalderia tutta maschile che contraddistingue questi corridoi. Le mani sono in tasca per evitare che qualche tremolio patetico tradisca la mia virile disinvoltura. Le stanze hanno tutte i vetri trasparenti in questa ala dell'ufficio. La moquette è pulitissima e le stanze acquario sono piene di uomini. Mi siedo e mi ritrovo al centro di quel mondo. Gli uomini deputati alla mia valutazione sono due: il mio capo e il suo nuovo manager.

Mi guardano entrare, mi invitano a sedere e mi sorridono benevoli. Il mio capo inizia a parlare mentre il secondo presente ci fissa entrambi. Mi elenca i risultati che ho raggiunto e quelli a cui ho contribuito. Si complimenta, mi ringrazia. La valutazione è più che positiva. Mi elenca, perfino, una serie di occasioni in cui la mia presenza e il mio lavoro si sono rivelati provvidenziali. Parla e mi guarda ma, diversamente dagli altri giorni, ha uno sguardo discreto. Mi incuriosisce con le sue bretelle, il cravattino stretto e un sorriso sorprendentemente neutro. Ha una faccia da ratto. Mentre io mi muovo sulla sedia lui adatta il suo sguardo all'anatomia e alla meccanica del mio corpo. Se muovo un polso, le sue pupille ne seguono scrupolosamente la manovra, e se accavallo una gamba disfa la neutralità del suo sorriso e accenna un movimento di risposta. Se piego la testa mi fissa intenso come a contare quanti capelli mi sono rimasti appiccicati al collo. Quando mi fermo mi guarda negli occhi e continua a parlarmi. Scrupolosamente mi spiega i motivi dietro l'avanzamento di carriera che mi è stato concesso e mi racconta dell'aumento di stipendio che avrò come se fosse un suo traguardo e non il mio. Mi chiede, a un certo punto, se anche io ho delle valutazioni da fare su tutto ciò che è accaduto in questo ufficio fino a oggi. Ho pensato di accennargli dell'angoscia che mi procura la sua presenza, ma ho taciuto nella convinzione che la mia testimonianza nulla avrebbe cambiato in uno spaziomondo in cui le molestie quotidiane rappresentano un diritto e un rito del gruppo maschile.

C'è una cosa che accade a questo punto. Mentre sono in procinto di uscire dalla stanza vengo fermata dal mio capo che, insistentemente, mi chiede di tornare a sedermi. Si dilunga in un preambolo sul fatto che ciò che di lì a breve mi avrebbe detto altro non sarebbe stato che un consiglio. Un consiglio paterno, per citare testualmente le sue parole. Sembra convinto di ciò che vuole dirmi, ciononostante si ferma nel silenzio per alcuni lunghissimi secondi che usa per alzarsi in piedi e piantare la suola della scarpa sulla sedia sotto di lui. Si posiziona comodo e dritto aumentando la distanza tra di noi. Lo guardo dal basso raddrizzare il suo cravattino e infilare la mano nella tasca posteriore del completo. Poi, finalmente, parla di nuovo. "Sei una ragazza presuntuosa," mi dice. L'umiliazione nello scriverlo è pari a quella di allora nell'ascoltarlo. "Qui sappiamo tutti quanto vali ma, nondimeno, voglio consigliarti di volare basso." Ora sento che il mio tono sta per scivolare in modo incontrollabile dall'affermazione alla giustificazione. Rabbia calda mi assale. Un altro posto sarebbe diverso da questo? Se fossi un uomo per davvero questa conversazione sarebbe diversa? Se fossi un uomo la presunzione sarebbe letta come ambizione mentre la sfacciataggine come coraggio? Se fossi un uomo sarei un tale che si fa rispettare invece di una ragazza che non si decide a restare prona? Non posso che rispondere di sì a queste domande che ho posto a me stessa. Non posso che dirmi quanto profondamente diversa sarebbe la mia esistenza in questo spazio se fossi un uomo. Forse marginale, se avessi il coraggio di schierarmi contro un'oppressione manifesta, ma di certo non piegata né violata.

Fingo un crampo intestinale per andare via da qua, cercando di confondere la mia espressione di indignazione (troppo prepotente per queste mura) con una espressione di dolore. Mentre esco dall'acquario un mio collega mi sorpassa per occupare la sedia delle valutazioni. Intanto che si accomoda e io mi allontano, guardo dietro di me l'enorme schermo spento che riflette una sala tutta al maschile in cui tre persone si stringono le mani e nessuno sorride.

Resto donna e uscendo dall'ufficio guardo le altre donne, quelle che stamattina ho scelto di smistare impunemente in tre categorie di umiliazione. Le fisso dolcemente mentre passo, per punirmi di averle ridotte al nulla senza neanche conoscerle. Mi sento annientata tra la necessità di fare il gioco dell'oppressore e l'altra sponda, quella in cui sono io a essere oppressa. Compiacere il potere non è forse un modo come un altro per subirne un po' meno? Non è forse seducente anche per chi legge l'idea di affiancarsi all'oppressore per condividerne il potere? Non è forse anche solo l'illusione della protezione che ci guida? Allo stesso tempo mi suggerisco di pensare alle donne di rilievo che prima ho menzionato, e a che cosa non ha rappresentato la loro ascesa per tutte le donne. È tanto più difficile uscire dall'oppressione quanto più è dilagante l'idea che tale oppressione non esista. Donne che guidano paesi hanno fomentato i negazionisti della disparità, e non importa che ci siano centinaia di rapporti e statistiche che si accumulano negli anni, non importa che ci siano la Banca mondiale o le Nazioni Unite o il World Economic Forum a stimare gli anni che ci distanziano dalla parità di genere, ci sarà sempre chi menzionerà la carriera di Margaret Thatcher o quella di Ursula von der Leyen o quella di Giorgia Meloni come prove di una assoluta parità. Poco conta la vita dell'abnorme maggioranza della popolazione femminile. Poco conta la quotidianità di pregiudizi e molestie, la crescita sistemica delle violenze, il numero di contratti indeterminati firmati e la possibilità di avere un conto in banca, perché "se loro ce l'hanno fatta possono farcela tutte". Mi viene paradossalmente in mente un campo da calcio, se immagino la disparità. Nulla di più giusto e ugualitario di una palla posizionata esattamente al centro per vedere chi prima riesce a raggiungerla. Immagino così la retorica delle pari opportunità, proprio come il racconto di un pallone da calcio a centro campo: i media ne parlano e la videocamera lo inquadra, dagli spalti c'è chi grida che ce la possiamo fare, chi la dura la vince, che valore e merito di quel giocatore si misureranno sulla base del tiro che farà; e mentre tutti sono attenti alla posizione del pallone (perfettamente collocato nel cerchio centrale) nessuno guarda i giocatori, e nessuno si accorge, quindi, che mentre c'è chi parte da cinquanta metri di distanza c'è chi, invece, parte da un chilometro.

Un chilometro e quattrocento metri è esattamente il pezzo di strada che devo fare per tornare a casa dal mio ufficio. Mi incammino, passo il Tevere e il Palazzaccio e dopo alcuni minuti mi infilo in un vicolo stretto come un budello. I tacchi picchiettano sull'asfalto e anche i miei pantaloni fanno rumore quando le cosce si sfiorano tra loro. Cammino piano. È buio e non c'è un fiato di vento. Sono a seicento metri da casa e qualcuno, mentre percorro la mia strada, mi urla di fermarmi. Non ho perso qualcosa, non ho un tacco rotto, non ho una cosa fra i capelli, eppure c'è un ragazzo che continua a gridare che devo fermarmi, che devo aspettarlo: perché "sono bellissima". Guardo in basso e conto due piedi che mi inseguono. Lo vede, il ragazzo, che lo vedo. Lo vedo e non mi fermo. Faccio dei passi ampi per allontanarmi dai suoi ma a ogni falcata lui mi osserva con una minuzia che cresce esponenzialmente. Mi guardo intorno, cerco qualcuno, una persona qualsiasi, un essere qualunque che interrompa le sue grida nei miei confronti, ma, nel vicolo in cui mi sono infilata per tornare a casa, non c'è nessuno. Cerco di non fare rumore con i tacchi, ma il silenzio, a lui, non lo intimorisce. Mi muovo veloce, sebbene io abbia paura di uscire dalla sequenzialità del mio passo per timore che un movimento diverso da quello a cui i suoi occhi si sono abituati lo spinga a nuovi gesti o grida. Mi sposto quindi cauta, un millimetro alla volta, mentre con la mano cerco il telefono nella tasca dei miei pantaloni troppo larghi. Lo afferro per sentirmi meno sola. Avverto la paura lungo la schiena, dietro il collo, sotto le piante dei piedi, sui palmi, in mezzo alle gambe. Sei bellissima, continua a gridarmi. Fermati, dai, ci divertiamo. Spero che la luce calda dei lampioni sia sufficiente a mascherare il pallore e l'angoscia che mi scavano la faccia. Sento che ride e la paura mi si avvicina sempre di più mentre lui rapido mi affianca. C'è un piccolo semaforo rosso all'uscita della stretta via che ho appena percorso. La strada è deserta, il tabaccaio è chiuso. Passo col rosso, lui mi segue. Continuo a ripetermi ininterrottamente che la colpa è la mia, per aver lavorato fino alle 21, per non aver previsto quello che sarebbe potuto accadere. Perché mi comporto così? Come se fossi libera di fare ciò che voglio? La distanza tra di noi si accorcia. Lui ride, io tremo. Metto la mano sinistra nella tasca laterale del pantalone e afferro le chiavi di casa. Inforco la chiave più grande tra l'indice e il medio e stringo fortissimo. Mi improvviso stratega e calcolo quanto forte potrei colpirlo con la mia chiave se dovesse aggredirmi. Se inizio a correre lo provocherò? E se inizio a urlare? Se solo non fossi stata costretta a uscire così tardi dall'ufficio per dimostrare che valgo qualcosa. Cammino verso casa mia, che mi è sempre sembrata così vicina e improvvisamente non arriva mai. Quante volte l'ho vissuta questa scena. Quante sere non sono uscita per evitare di riviverla. È un cazzo di disco rotto la paura nella vita di una donna. Cammino, stringo le chiavi, ho le mani che tremano, accelero il passo, respiro piano. Attraverso la strada all'improvviso, mentre le macchine passano e furiose mi suonano. Una non frena per tempo e mi sfiora la gamba. Corro avanti, lui è lì, dietro di me, a poca distanza e mi grida quanto lo ecciti il mio sfuggirgli. Venti metri mi separano dal portone di casa e allora corro. Non sentendo il suo passo dietro il mio corro ancora più forte trattenendo l'aria. La mano sinistra, bagnata di sudore, infila una delle chiavi nella toppa del portone. Mi spingo il colosso di legno alle spalle con tutta la forza che possiedo e mentre lo spingo vedo l'uomo che, immobile, è rimasto a fissarmi dall'altro lato della strada.

Sono in casa. Per la prima volta, sto piangendo di rabbia.

In questo momento mi dico che ci sono tre cose che una donna non potrà mai avere: uscire senza paura, una libertà autentica, lo stesso trattamento di un uomo.

Un po' di dati

Nel report di ottobre 2022 *Livelli di istruzione e ritorni occupazionali*, l'Istat ha chiarito quanto segue: le donne in Italia sono più istruite degli uomini, il 65,3% ha almeno un diploma (60,1% tra gli uomini) e le donne laureate arrivano al 23,1% (16,8% tra gli uomini), differenze ben più marcate di quelle osservate nella media Ue27. Il vantaggio femminile nell'istruzione però, scrive l'Istat, non si traduce in un vantaggio in ambito lavorativo perché il tasso di occupazione femminile è molto più basso di quello maschile (55,7% contro 75,8%). Di tutte le donne laureate solo il 76,4% trova lavoro in Italia (contro l'82,5% di media europea). In Italia, inoltre, il lavoro femminile è anche più precario: solo 1 uomo su 10 lavora in regime part-time, contro i dati che vedono 1 donna su 3 soggetta a questo stesso regime lavorativo. Ciò significa che le donne lavoratrici beneficiano di un minore introito economico e rischiano di essere impiegate in mansioni di minor profilo, di avere meno opportunità formative e di carriera e una maggiore precarietà nella posizione lavorativa. E infatti, per circa 6 donne su 10 il part-time è una condizione subita, e non una scelta. Altro dato allarmante è poi quello che indaga sulla percentuale di donne in posizioni di rilievo sul luogo di lavoro: in Italia la percentuale di donne in ruoli esecutivi è solo il 17%, percentuale che scende addirittura al solo 3% se consideriamo le donne Ceo. Lontanissimo quindi, in Italia, il concetto di leadership femminile.

Ulteriori dati da fornire per completare il quadro a rappresentanza di una quotidianità di subordinazione che le donne sono costrette a subire sono quelli delle molestie e delle violenze. Se i dati su molestie e ricatti sessuali sul luogo di lavoro sono già stati mostrati, diversi sono quelli riguardanti gli abusi che avvengono al di fuori delle mura lavorative. L'ultima indagine Istat sul numero delle vittime e le forme di violenza fornisce un quadro molto chiaro. Il 31,5% delle 16-70enni (6.788.000) ha subìto nel corso della propria vita una qualche forma di violenza fisica o sessuale: il 20,2% (4.353.000) ha subìto violenza fisica, il 21% (4.520.000) violenza sessuale, il 5,4% (1.157.000) le forme più gravi della violenza sessuale come lo stupro (652.000) e il tentato stupro (746.000).

Ha subìto violenze fisiche o sessuali da partner o ex

partner il 13,6% delle donne (2.800.000). La prevalenza delle donne che avevano un partner violento in passato lo ha lasciato proprio a causa della violenza subita (68,6%). In particolare, per il 41,7% è stata la causa principale per interrompere la relazione, per il 26,8% è stato un elemento importante della decisione.

Il 24,7% delle donne ha subìto almeno una violenza fisica o sessuale da uomini non partner: il 13,2% da estranei e il 13% da persone conosciute. Il 6,3% da conoscenti, il 3% da amici, il 2,6% da parenti e il 2,5% da colleghi di lavoro.

Le donne subiscono minacce (12,3%), sono spintonate o strattonate (11,5%), sono oggetto di schiaffi, calci, pugni e morsi (7,3%). Altre volte sono colpite con oggetti che possono fare male (6,1%). Meno frequenti le forme più gravi come il tentato strangolamento, l'ustione, il soffocamento e la minaccia o l'uso di armi.

Le forme più gravi di violenza sono esercitate da partner, parenti o amici. Gli stupri sono stati commessi nel 62,7% dei casi da partner, nel 3,6% da parenti e nel 9,4% da amici. Anche le violenze fisiche (come gli schiaffi, i calci, i pugni e i morsi) sono in prevalenza opera di partner o ex.

Altra dimensione che è fondamentale sottolineare sono le perpetue violenze e molestie a cui sono sottoposte le persone Lgbtqia+. Recentemente la European Union Agency for Fundamental Rights (Fra) ha pubblicato un'indagine sui numeri degli abusi vissuti dalle persone Lgbt in Europa, soffermandosi anche sui dati delle singole nazioni. I risultati emersi sono il tragico specchio di un grave problema di discriminazione. Solo in Italia, il 62% delle persone che ha partecipato all'indagine evita di tenere per mano in pubblico la persona scelta come partner e il 30% evita spesso o sempre di frequentare alcuni luoghi per paura di aggressioni. Il 32% delle persone è stato molestato nell'anno precedente all'indagine, mentre l'8% del campione ha subito aggressioni fisiche nei cinque anni precedenti all'indagine. Solo il 16% ha dichiarato di aver denunciato questi episodi alle forze dell'ordine. È fondamentale notare che una grandissima parte delle persone percepisce un generale peggioramento delle condizioni di vita della comunità Lgbt italiana: il 41% ha dichiarato che pregiudizio e intolleranza sono aumentati, mentre solo l'8% crede che le istituzioni pubbliche si impegnino effettivamente per contrastare tali fenomeni, contro una media europea del 33%.

Fonti

European Women on Boards, *Gender Diversity Index*, 2021.
Istat, *Livelli di istruzione e ritorni occupazionali*, 2021.
Istat, *Indagine sulla sicurezza delle donne*, 2014.
Istat, *Il numero delle vittime e le forme della violenza*, 2014.
Save the Children, *Le equilibriste. La maternità in Italia*, 2022.
European Union Agency for Fundamental Rights, *A long way to go for LGBTI equality*, 2020.

La memoria dei nostri corpi

Nel corso delle pagine che precedono queste righe non ho trovato un solo modo per dire ciò che chi ha tra le mani questi scritti sta per leggere. Teoria avrebbe voluto che nella fase di revisione di questo testo io vi inserissi degli indizi per prepararvi a ciò che segue, dei segni che potessero darvi un'idea di ciò che state per leggere. La realtà è che non ho invece fatto nulla di tutto questo. Si dice che un bravo scrittore costruisca il racconto lasciando delle tracce e disegnando delle piste, ma la risposta che mi sono data alla mia necessità di non farlo è che quello che mi scorre sotto le dita in questo momento non è un racconto o un narrato, perché non costruisce alcuna realtà. Al contrario, ne ricerca una. La mia memoria, in queste pagine, è solo uno dei documenti di analisi, un semplice filo rosso che mi conduce alla scoperta del mondo che abito, uno strumento per ripercorrere un processo di coscientizzazione: domande, piuttosto che risposte. La memoria del mio corpo è parte del sistema, documento imprescindibile che mi ha guidata nella consapevolezza di una delle innumerevoli forme di violenza del mondo che abitiamo. Non posso parlare per altri, né mi arrogo il diritto di farlo: nei capitoli che seguiranno riporterò le loro parole come testimonianza diretta; qui, però, tra le parole in cui state per entrare, c'è la storia del mio corpo.

È flemmatico, sorride benigno, mi circumnaviga con i suoi occhi piccoli. Mi chiede, immobile e appoggiato alla mia scrivania, come sto. Si guarda le dita, si guarda attorno. Mentre io non posso far altro che guardarlo immobile. Onestamente vorrei potermi esprimere in un soliloquio lungo dodici ore, se solo ci fosse qualcuno ad ascoltarmi. Mi viene in mente, per un secondo, per un secondo solo, che possa essere lui. È lì, fermo, che aspetta una risposta alla sua domanda. "Sto troppo male," vorrei dirgli piano, e vorrei che si chinasse per sentire le mie parole. Vorrei conficcarmi questo sottile dito ossuto in ogni punto del corpo che mi fa male per indicarglielo. Mi viene voglia di schiacciarmi la pancia con cattiveria, e i reni e la vescica e l'intestino e lo stomaco. Mi viene voglia di cavarmi le ovaie, e lo spazio intercostale, e tutto il perineo. Vorrei fargli una confidenza silenziosa, vorrei riuscire a fargli capire che questo corpo soffre. Con gli occhi umidi cerco la sua complicità, un suo sguardo salvifico, un suo sguardo qualunque a cui affidarmi. Lui però mi osserva con aria beffarda. Non ci vedo empatia, non ci vedo cura, ci vedo solo un'umanità vuota. Ha quel sorriso stagionato da anni di leggerezza e impunità. Ora ho gli occhi gonfi e sciocchi. Che ne sa lui di che vuol dire essere una donna. Che ne sa lui di che vuol dire essere una donna in questo ufficio, in queste strade, in questa città, con questi uomini, in questo paese, in questo clima, in questo silenzio assordante su tutto ciò che accade fuori e dentro questo corpo. Forse sono proprio queste le solide fondamenta su cui si erge immobile: il silenzio sociale, collettivo, l'indifferenza, la rassegnazione, l'accettazione passiva. La gente non parla, e lui continua a guardarmi avido. La gente non parla, e tutti democraticamente si spartiscono il mio corpo e quello della ragazza di fianco a me, e quello della barista sotto casa, e quello delle mie amiche, quello di mia cugina, di mia mamma, di mia zia, di tutte le donne che non conosco. La gente tace serena e un uomo ha potuto inseguirmi per centinaia di metri fino a casa mentre io cercavo disperata l'aiuto di qualcuno. La gente è immobile e la subordinazione nascosta diventa la normale modalità di relazione tra le persone, la normale modalità di relazione tra uomini e donne. Lui, nel frattempo, continua ad anatomizzarmi, la gente non parla, e nemmeno io ho voglia di parlare: "Scusami, non mi sento bene". Mi alzo e vado via. Non mi giro a guardarlo. Cambio piano di questo edificio gigantesco, ora sono al quarto e poi scendo al secondo, anzi al primo. Mi siedo nell'angolino dove c'è una piccola poltrona grigia, mi sbottono il pantalone troppo stretto e copro la zip con la camicia. Non ho preso né il computer né lo zaino. E nemmeno il badge, non posso rientrare al quarto piano. C'è un'idea che mi assale. Non la definirei proprio un'illuminazione perché è una cosa a cui penso da sempre, almeno da undici anni. Ci penso ogni volta che immagino di trafiggermi la pancia con un coltello per sentire meno il dolore di queste fitte laceranti, ogni volta che sono in bagno piegata a metà sul gabinetto, e ogni singola volta che rinuncio a un invito raccontandomi asociale solo perché mi vergogno di continuare a dire, da 132 interminabili mesi, che sto troppo male per uscire oppure che uscire mi fa paura: perché cosa succede se sono in giro e poi io mi sento male? Non posso, non posso proprio.

Quando avevo tredici anni, con un computer grande quanto uno scatolone da trasloco e una connessione lenta come me il lunedì mattina, cercai tutti i miei sintomi su Internet Explorer. Alla pagina dieci di Google trovai la parola "endometriosi". Era la prima volta che la leggevo. Di sicuro a scienze non ne avevano parlato, nemmeno quando abbiamo studiato le malattie dell'apparato riproduttivo. Nessuno dei medici da cui sono andata me l'ha mai nominata. Mentre scorrevo una pagina dalla grafica rosa e slavata ritrovai tutti i miei sintomi, i primi che avevo. Si parlava di un dolore atroce e invalidante durante le mestruazioni, si parlava di problemi gastrointestinali, di fitte apparentemente casuali alle ovaie, di stanchezza cronica, di dolore alla pancia. Si parlava anche di dolore durante i rapporti sessuali, ma io non ne avevo mai avuti, quindi non potevo sapere se quello avrebbe riguardato anche me. Non c'era tutto ciò che sentivo in quel mio corpo piccolo, ma molto era lì. D'altronde, non tutto quello che era lì io lo sentivo nel mio corpo. Decisi comunque di stampare quella pagina. Era una specie di forum in cui sotto un post principale varie donne raccontavano di questi dolori atroci alla disperata ricerca di una soluzione. Volevo portare la pagina ai medici, dir loro che secondo me avevo quella cosa là, l'endometriosi. Ma non volevo che pensassero che fossi una ragazzina stupida che cerca di diagnosticarsi malanni immaginari navigando su Internet a notte fonda, quindi dopo averlo stampato mi misi a ricopiare tutto il testo su un documento Word, tentando di impaginarlo come se fosse il più ufficiale e professionale dei documenti. Volevo che pensassero che fosse un qualche rapporto scientifico, un *paper* sanitario, una cosa autorevole, insomma. Stampai anche questo foglio, mi ricordo che lo allisciai con la mano per qualche minuto e poi chiesi a mia mamma, quella sera stessa, di prenotare una nuova visita ginecologica. Lei era stanca, stanca morta, di spendere soldi per le mie visite dagli unanimi esiti. Mio padre continuava a dire che ero ipocondriaca. Io cercavo il significato su Google ogni volta che me lo diceva e ogni volta convenivo che questa ipocondria non c'entrasse niente con i miei dolori. Mia madre comunque è sempre stata una brava madre e mentre mi riempiva la testa con l'idea che fosse normale soffrire così tanto durante le mestruazioni e tutto il resto, mentre mi assillava con i racconti della sua infanzia spesa sdraiata sul pavimento di un bagno per quei dolori a cui avrei dovuto abituarmi, accettava di prenotarmi altre visite mediche. Dico "altre" perché a ogni "non hai niente", "sei giovane e sana come un pesce", "qui è tutto perfettamente normale", io non mi rassegnavo. Questa storia è andata avanti per anni, con mio padre sempre più convinto che io avessi questa ipocondria, mia madre sempre più convinta che io dovessi accettare i miei dolori e mio fratello sempre meno incline a lasciarmi il bagno per ore. Quel foglietto che avevo minuziosamente impaginato me lo sono portato dietro a ogni visita medica, dai ginecologi, dagli urologi, dai gastroenterologi, dagli endocrinologi, dai neurologi, dagli immunologi, dai cardiologi, dai podologi. Nei diversi anni, nei diversi studi medici, nelle diverse città, nelle diverse regioni, le risposte sono sempre state le stesse. Io mostravo il mio foglietto e loro lo guardavano per un attimo brevissimo e poi lo mettevano lì, nell'angolo della scrivania, ripiegato alla buona e mi dicevano: "Macché endometriosi, no, niente del genere, stia tranquilla". A ogni "stia tranquilla" io silenziosamente mi disperavo. A ogni "stia tranquilla" il portafogli dei miei genitori si alleggeriva. Poi iniziavano a darmi dei suggerimenti, man mano che crescevo passavano da "bevi una camomilla prima di dormire" a "prova a rilassarti bevendo un po' di vino". Alcuni medici mi dissero che i dolori durante i rapporti erano normali, altri invece mi dissero di cambiare fidanzato. Una dottoressa a cui chiedevo una soluzione per la mia dozzina di pipì notturne mi rispose di non bere acqua dopo le 15. Io la presi alla lettera, e iniziai a squamarmi tutta causa disidratazione. I più attenti mi facevano un'ecografia, allora io, mentre loro passivi mi infilavano una sonda tra le gambe, speravo disperatamente che trovassero qualcosa, qualsiasi cosa. Ma loro, sempre calmi, mi giravano lo schermo collegato all'ecografo e mi indicavano il mio utero, il mio intestino, le mie budella tutte e mi dicevano: "Guarda qui, non hai assolutamente nulla". Erano serafici. Come se io potessi capire quelle immagini nere e grigie che mi parevano null'altro che un'informe massa di ratti. Le prime volte annuivo, poi iniziavo a implorare di guardare meglio. Mia mamma mi supplicava di smetterla, mio padre mi recriminava tutti i soldi che gli stavo facendo spendere. Non con cattiveria, ma con disperazione. La stessa disperazione che mi guidava nelle preghiere notturne: "Dio, fa' che trovino qualcosa," gli chiedevo. Una volta una pneumologa mi suggerì di fare degli esami del sangue chiamati "CA125". Mi disse che era un marker tumorale che serviva per diagnosticare l'endometriosi. Se fosse risultato negativo potevo stare tranquilla. Alle 6:00 della mattina successiva, nonostante la mia agofobia che a dodici anni mi portò a mordere un povero operatore sanitario, ero fuori dal centro diagnostico con la manica già arrotolata sull'avambraccio. Alle 7:00 un infermiere mi tirava il sangue e, mentre io guardavo il più lontano possibile dall'ago, continuavo a chiedergli se conoscesse questa malattia di nome endometriosi. Lui continuava a dirmi di no e io continuavo ad assillarlo con ogni singola informazione che avevo raccolto. Volevo che sapesse cosa si provava ad avere quella roba. Volevo che capisse che cosa significasse conviverci. Qualche giorno dopo arrivarono i risultati. Erano negativi. Niente CA125, niente tumori, niente endometriosi, niente di niente. Il vuoto assoluto. Mi ricordo il pianto più lungo e disperato della mia vita. Poi il nulla: ho smesso di cercare.

Come allora, oggi mi sento una bambola di pezza buttata a terra mezza strappata. Quell'unico caffè al mese che bevo me lo sono rovesciato sulla camicia appena uscito dalla macchinetta. Il senso comune vorrebbe che io mi alzassi da questa poltrona grigia nel bel mezzo del corridoio e andassi in bagno a cercare di pulire il danno, ma la realtà è che resto ferma qui affossata tra i cuscini, testimone impotente del mio corpo malato e della macchia marrone in espansione sulla mia camicia. Resto qui per sei ore a non dire nulla, mentre penso a tutto. Alle 18:00 spaccate vado via. "Oggi mezza giornata?" mi chiede qualcuno che mi vede uscire. Vorrei prendere il contratto di lavoro che ho firmato, quello su cui c'è scritto 9:00-18:00, strapparlo, accartocciarlo, masticarne i pezzi e sputarli addosso al tizio che mi parla. Una sfinge di odio, questo è ciò che sono. Li guardo tutti in quella stanza, capi muti e discepoli silenziosi, non lo sanno che di questo passo, della loro vita, non rimarrà niente?

Sono le 4:00 del mattino di mercoledì: lucida di sudore e annebbiata dal dolore mi viene in mente che non posso essere l'unica in questo cazzo di mondo, in questo cazzo di paese, convinta di avere una malattia mentre tutti le dicono che è sana. Prendo il telefono, lo stacco dalla carica, apro Instagram e cerco #endometriosi tra gli hashtag. Mi escono migliaia di post, video, infografiche e caroselli. Inizio a scorrerli morbosamente, uno dopo l'altro, alcuni nemmeno li leggo, il mio dito va da solo su e giù sullo schermo, torna indietro, va avanti e poi di nuovo sulle grafiche e sui volti precedenti. Salvo un centinaio di post in pochi minuti.

Inizio ad ascoltare i video di persone che avevano messo il tag #endometriosi sotto le loro registrazioni. Sfoglio i commenti mentre ascolto le loro voci strozzate. Tre, cinque, dieci ragazze raccontano la stessa storia. Ridigito l'hashtag in inglese, e poi in francese. Stessi risultati. Decine di donne si inquadrano e poi iniziano a parlare. Alcune piangono. Una sembra che voglia spaccare lo schermo per quanto è incazzata. Una è sul letto in quella stessa posizione in cui mi metto io quando le ovaie non mi danno pace, rannicchiata come un uovo con i capelli che le pendono sugli occhi, e poi inizia a parlare della sua endometriosi. Lo fanno tutte queste donne. Alcune sembrano bambine. Altre potrebbero avere l'età di mia madre. Una ha i capelli bianchi e degli occhiali da lettura sul naso, inizia il suo video dicendo che se i social fossero esistiti prima lei forse non avrebbe dovuto aspettare ventidue anni per avere una diagnosi. VENTIDUE ANNI. Sono 264 mesi, 8030 giorni. In che senso ha dovuto aspettare tutto questo tempo per avere una diagnosi? Mi divoro il suo video, lo salvo e passo al seguente. Una ragazza francese di nome Gabrielle racconta di soffrire di endometriosi, e che le è appena stato detto a seguito di una risonanza, dopo innumerevoli visite ginecologiche che avevano dato come unico esito una diagnosi di ipocondria. "Finalmente," urla alla fine del video. È incazzata come una belva. Sento il rancore e la rabbia tremarmi fra i denti, battermi sul labbro inferiore. Sento un dolore sordo. Continuo a cercare storie come la mia, non mi bastano. Non mi bastano mai. Arrivo a oltre trecento post salvati. Decine, centinaia di donne che per anni e decenni interi hanno girato studi medici nel tentativo di capire cosa avessero sono state rispedite indietro con sprezzo, cinismo, sdegno o, nel migliore dei casi, indifferenza. Ascolto ogni video, leggo ogni post. Alcune donne sono diventate infertili per colpa di cisti sparse su ogni organo. Ritrovo quei suggerimenti sulla camomilla, sul vino, sul sesso, sul cambiare fidanzato, sul cambiare posizione nel sonno e sullo stress, sullo yoga, l'agopuntura, le tisane alla malva, alla valeriana, allo zenzero, al finocchio. Ritrovo medici che suggeriscono di non bere per non dover fare pipì e medici che suggeriscono di farsi mettere incinta anche se hai sedici anni. Con la gravidanza passa, dicono. Ma non è vero, nei video dicono anche questo. Ritrovo la paura negli occhi di chi racconta e la rabbia nelle parole di chi scrive. Tocco la frustrazione nella voce di chi parla, l'esasperazione, il dolore, le notti passate in bagno provando di tutto, perfino la preghiera. Non riesco a fermarmi, a smetterla di ascoltare queste storie. Cerco la parola "endometriosi" anche su Facebook. Mi iscrivo a un gruppo italiano con più di 30.000 membri. "Trentamila," penso. Quante sono 30.000 persone? Mentre aspetto che mi accettino nel gruppo, mi addormento.

Sono le 7:00 di mattina e prendo appunti su tutto quello che ho capito ieri notte. Stanotte. Tre ore fa. Quella che scrivo è una lista, perché per avere una diagnosi di endometriosi, a quanto pare, c'è una dannata lista di cose da fare. Non basta che una stia male, si pieghi a terra per i dolori da undici anni, viva nell'incubo costante delle mestruazioni, desideri accoltellarsi piuttosto che convivere con questi dolori. C'è bisogno di una lista.

A quanto pare un ginecologo non basta per una

diagnosi. A quanto pare se il ginecologo non è specializzato in endometriosi non può vedere l'endometriosi. Ma credere a una donna quando dice che sta male non è contemplato? Inizio a chiedermi come sia possibile. Perdo tempo. Passo al vaglio nella mia mente ogni sonda che mi è entrata tra le cosce, ogni ecografo che mi ha schiacciato le budella. Continuo la lista: non basta che il medico sia specializzato. Serve una risonanza con mezzo di contrasto e anche chi ti fa la risonanza deve essere specializzato. A me nessuno ha mai prescritto una risonanza. Non ne ho mai fatta una in vita mia. Non sono nemmeno sicura di sapere cosa sia una risonanza. In compenso, mi hanno prescritto un marker tumorale e due clisteri. Vado avanti: da risonanza ed ecografia si dovrebbe poter vedere l'endometriosi, che è nella sostanza tessuto simil endometriale che si va a mettere sugli organi. Di base, è un tessuto che se ne va a spasso per il corpo: ovaie, tube, vescica, intestino, a volte anche polmoni, diaframma, cervello o qualsiasi altro organo, e ti fa provare un dolore cane a fasi alterne. Non mi sembra normale che io debba capire da sola come diagnosticarmi una malattia. Non mi sembra normale che io debba trovare risposte da altre pazienti. Non mi sembra normale che nessuno mi abbia mai detto nulla di tutto ciò nonostante lo abbia cercato per anni, nonostante abbia supplicato medici, infermieri e psicologi di dirmi cosa avevo. Dove dovrei trovarlo io, adesso, un medico specializzato in endometriosi? Come faccio a sapere se sono loro a non vederla o sono io a non averla? Come faccio ad andare da un altro medico? E se mi dice di nuovo che sono ipocondriaca o che è lo stress?

Sabato mattina, Villa Borghese.

Ho passato tre giorni a capire come trovare un medico specializzato e finalmente mi hanno accettata in quel gruppo su Facebook. Ci sono migliaia di testimonianze. Decine di migliaia di post. Cerco la parola "Roma" nel gruppo. Anche qui, centinaia di risultati. La gente si scambia i nomi dei medici specializzati. Sono le pazienti a dire alle altre pazienti: vai da lui, ma non da lui; vai da questo, ma sappi che è un po' stronzo; lei è bravissima, mi ha cambiato la vita; lui è burbero ma preparato; lei è la migliore. Vado avanti per ore a leggere. Incrocio tutti i nomi. Li segno su un quaderno blu. Capisco che ci sono dei centri specializzati in endometriosi, dei medici più preparati di altri anche quando ci si muove tra quelli specializzati. Segno tutto, scrivo una V per ogni parere positivo e una X per ogni parere negativo vicino a ogni nome che ho segnato. Alla fine, dopo quattro ore, scelgo il medico da cui andare. Non chiamo mia mamma, non chiamo le mie amiche, non dico niente di tutta questa storia, del gruppo Facebook, dei video sui social. Mi tengo tutto per me. Un po' come il dolore. Prendo il cellulare e telefono all'ospedale pubblico che ho scelto. Per un paio di volte non rispondono, poi finalmente qualcuno decide di alzare la cornetta. "Pronto?"

"Sì, salve, salve sì, buongiorno, grazie. Mi chiamo Flavia Carlini, vorrei prenotare una visita con il dottor F. per favore. Codice fiscale CRLFFLV96..."

"Guardi che il codice fiscale me lo deve dare in fase di prenotazione, non ora, vada con calma."

"Ok, ok, scusi."

"Dunque, con il dottor F. mi diceva. Bene, la prossima visita disponibile è a febbraio."

"No, scusi, in che senso 'a febbraio'? Oggi è il 15 giugno."

"Lo so che giorno è, signorina, la prossima visita è il

23 febbraio alle ore 14:00 presso il padiglione D dell'ospedale, terzo piano, stanza 102. Può entrare in sala con un accompagnatore. E si ricordi di portare l'impegnativa. Vuole procedere con la prenotazione?"

"Scusi, cioè, ma la prima visita disponibile è tra più di otto mesi? Aspetti un attimo, e se io volessi prenotare invece con il dottor G. possiamo fare prima?"

"Finiamo a marzo, signorina, il giorno 18 alle ore 17:30. Padiglione C dell'ospedale, piano terra, stanza 56."

"Ah. Ok, ok, la ringrazio."

"Procedo con la prenotazione oppure no, signorina?"

"No, scusi, è che io avrei davvero bisogno di una visita prima, non posso aspettare otto mesi, nove mesi, un anno intero."

"Va bene, signorina, poteva dirlo prima, arrivederci."

Dove li trovo io adesso 200 euro per un'altra visita privata?

Passo tre giorni a cercare di far rientrare i conti per non doverli chiedere a mia mamma, di nuovo. Tolgo tutti gli extra, tolgo le poche uscite che tanto poi alla fine non esco comunque, tolgo quei pantaloni più larghi che volevo comprarmi accettando silenziosamente di continuare a mettere quelli che attirano gli sguardi che mi strizzano il culo. Non ci arrivo comunque a 200 euro. Mi metto a rovesciare tutti i libri che ho in giro per casa. Fino a qualche anno fa ci nascondevo i soldi, tra le pagine dei libri, spero di trovare qualche banconota che ho dimenticato in giro. Recupero dallo sgabuzzino anche i libri dell'università. Niente.

Mentre mi arrovello su dove potrei aver messo dei contanti mi chiedo come fanno le persone che vogliono una diagnosi e non hanno i genitori a cui chiedere soldi.

Come fanno le persone che magari ai genitori non vogliono dirglielo, come non vorrei io? Come si fa se non te lo puoi permettere e nemmeno i tuoi genitori? Come si fa se i tuoi genitori i soldi non te li vogliono dare o se i genitori nemmeno li hai? Come si fa ad aspettare un intero anno per una visita medica quando una a queste informazioni su dove farsi visitare ci è arrivata dopo cinque, sette, dieci anni? Mi sembra veramente un sistema di merda, classista da morirci. Letteralmente. Articolo 32 della Costituzione: "La Repubblica tutela la salute come fondamentale diritto dell'individuo e interesse della collettività, e garantisce cure gratuite agli indigenti". È falso. Abito un mondo in cui è un privilegio avere la possibilità di potersi scoprire malata. Chiamo mia mamma e le chiedo i soldi. Le dico che mi servono 200 euro per una visita medica anche se non ho nemmeno chiamato per prenotare.

Mamma mi dice sì, è sconsolata, triste. Vorrei soffermarmi di più sul suo dispiacere ma non posso perché ho già il mio e perché devo chiamare la clinica. La ignoro, mi ignoro. Prendo il telefono e chiamo. Mi rispondono subito e questo mi solleva. Chiedo una visita con il dottor G. Sento una mano che sfoglia le pagine di un'agenda. Aspetto un tempo immenso finché la segretaria del dottor G. non mi dice che, anche qui, il tempo che devo aspettare per la visita è immenso. Cinque mesi. Vorrei ucciderla. Le dico che è urgentissimo. Lei mi dice che glielo dicono tutte. "Forse perché lo è per tutte?! Forse perché soffriamo come cagne in agonia????" vorrei urlarle. Invece sto zitta. Non è colpa sua. Sento che lei sfoglia ancora le pagine dell'agenda. Poi si ferma e mi dice di aspettare. Io aspetto. Infine lei torna e mi dice che in effetti poche ore fa è stata annullata una visita per il giorno successivo e che se voglio il dottore è disponibile per vedermi domani stesso alle ore 15:00. Sì. Dico sì dieci volte. Tutte di fila. Tutte veloci. Sì, ci sono. Mi inserisca. Per favore. Mi chiede i miei dati, mi dice dove devo andare, mi dice cosa portare, mi dice che la visita costa 350 euro e di stare tranquilla perché include anche quella successiva per verificare alcuni esami che mi saranno prescritti. Non mi assale l'ansia perché so che posso chiedere a mia mamma quei 350 euro, so che me li darà, ma non posso fare a meno di pensare a quanto sia profondamente ingiusto. Quanto sia profondamente ingiusto un sistema in cui curarsi diventa elitario. Anzi, non curarsi, ma solo, semplicemente, avere una diagnosi. Se sommassi tutti i soldi che ho speso in giro per l'Italia alla ricerca di una diagnosi, credo che ne uscirebbe una cifra intorno ai 10.000 euro. Chi ce li ha tutti questi soldi per avere una diagnosi? Quante persone non ne avranno mai una? Penso a tutte quelle donne nei video che raccontano di decenni di agonia invisibile e mi assale una rabbia che non riesco a contenere. Per loro. Per me. Questa rabbia è l'unico sentimento che riesco a isolare, identificare, approfondire.

Sono le 15:00 e io sono sui divani della clinica aspettando di poter entrare nello studio del dottor G. Ho scritto tutti i miei dati, pagato 350 euro non so ancora per cosa, salutato la segretaria con un'amorevolezza totalmente lontana da me, perché in fondo spero di farle pena o simpatia, così, magari, dirà al dottore di cercare bene, di fare una visita accurata. Mi mangio tutte le unghie mentre aspetto e se potessi togliermi le scarpe inizierei a strapparmi anche quelle dei piedi. Mi gratto via i peli incarniti che ho sulle braccia. Strappo quelli più lunghi. Mi torturo più di quanto il mio corpo non sia già abituato a fare da solo. Finalmente mi chiamano. Finalmente entro. Per poco non cominciavo a tirarmi via i peli da sotto le ascelle per l'esasperazione. Il dottor G. ha i baffi nerissimi, gli occhiali e la schiena massiccia come quella di un cinghiale. È alto. Credo sia un po' strabico. Come fa a guardare bene nella mia vagina se è strabico? Come vedono le persone strabiche?

Mi chiede di compilare un questionario sui miei sintomi e mi guarda mentre lo faccio. Quando gli riconsegno il pezzo di carta lo osserva a lungo e poi inizia a farmi delle domande. Alcune sono uguali a quelle del foglio, altre sono diverse. Mi chiede di dare un numero al mio livello di dolore. Mi chiede di identificare i momenti in cui lo provo di più e i momenti in cui lo provo di meno. Mi chiede di localizzarlo, isolarlo, sviscerarlo. "Magari potessi strapparlo via da 'ste viscere," gli dico io. Lui non ride. Forse non gli sto simpatica. Forse non gli interessa la mia ironia, d'altronde questa doveva essere la sua ora buca e io mi ci sono infilata dentro all'ultimo. La sua assistente però mi sorride. Anche se mi sorride con pietà, a me va bene lo stesso. Mi sento terribilmente sola in questa stanza.

Io e il dottor G. parliamo per parecchio, poi lui mi indica una porta di legno e mi chiede di spogliarmi. Mi tolgo le scarpe mentre mi avvio verso il piccolo bagnetto. Il pavimento è gelato e ci rovescio sopra i vestiti che poi butto a caso nel lavandino. Esco dal bagno che sono nuda, ho solo la canottiera. Me la tiro giù. Sono imbarazzata. Non per la nudità, ormai ho fatto decine di visite mediche, ma per quanto io sia profondamente vulnerabile e sola in questo momento. Credo che qualsiasi parola potrebbe farmi piangere. Il dottor G. è impassibile. Non c'è dolcezza né durezza nel suo sguardo. Mi chiede di stendermi sul lettino e di rilassarmi perché se sono così rigida mi farà male. Non mi guarda. È concentrato su un punto casuale dell'aria mentre inizia la sua visita manuale. Preme diversi punti dentro di me. Salto dal lettino. Stringo le gambe. Contraggo addominali, schiena, cosce. Il dolore che sto provando non è descrivibile con nessuna delle parole che conosco. Non ho metafore che mi vengono in mente, né paragoni che reggano la sensazione di qualcuno che ti strappa via le viscere. Lui continua. Mi chiede di girarmi. La sua assistente mi tiene la mano, mi osserva con uno sguardo penoso. Grazie che sei qui almeno tu, le vorrei dire. Chissà a quante persone hai stretto la mano. Il dottor G. mi dice fermo di calmarmi, perché così non riesce a lavorare. Inizio a contare all'indietro da 100. Mi incarto con i numeri, mi strozzo nel dolore. Cerco di stare zitta e ferma. Spero di morire mentre mi forzo all'immobilità, e mentre mi concentro per crepare il dottor G. assume un tono severo e inclemente e dice quasi urlando che è assurdo che nessuno si sia mai accorto di tutto questo. Tutto questo cosa non me lo dice, né mi risponde quando glielo chiedo. Mi domanda se ho fatto altre visite ginecologiche. Io gli vorrei rispondere che ho perfino perso il conto di quante ne ho fatte, ma ho la gola così strangolata dalla rabbia e dal dolore e dalla cattiveria di tutta l'umanità, che non so come si è concentrata in questa stanza, che riesco solo a piangere. Io con la mia rabbia, lui con la sua e mi dice di smetterla. Mi dice che crede che io abbia una grave endometriosi e un'importante adenomiosi. Non dico nulla e fingo di non piangere mentre ho la faccia completamente bagnata. Non so cosa sia questa adenomiosi, ma vorrei solamente urlare che lo sapevo di avere qualcosa. Vorrei solo andare a bussare a ogni porta, di ogni studio medico, di ogni singolo professore che mi ha visitata, prendendo i miei soldi e la mia serenità e la mia speranza, e mi ha detto che non avevo nulla. Vorrei solo andare da loro e urlare: "Siete degli enormi pezzi di merda", sperando che almeno mi chiedano perdono. L'assistente del dottor G. mi passa una scatola di fazzoletti mezza vuota e il dottor G., più calmo, inizia a parlare. Mi spiega che è necessario che io faccia una risonanza magnetica con mezzo di contrasto e delle analisi del sangue per avere delle certezze, ma lui è ragionevolmente sicuro che io abbia quelle due cose lì. Gli dico che in passato alcune analisi del sangue già le ho fatte. Mi dice che il CA125 non serve a niente, anticipando quello che stavo per dirgli. Gli chiedo se si può curare, mi dice che una cura non esiste. Gli chiedo come sia possibile che nessuno si sia accorto di nulla nonostante tutte le visite che ho fatto. È spazientito, credo anche incazzato. Prende un foglio e inizia a scrivere.

"Lo sai quanti sono gli anni di ritardo diagnostico per queste malattie in media in Italia?"

"No," rispondo.

"Sette-dieci anni," mi dice lui. E lo scrive enorme sul suo foglio.

"Lo sai quanti ginecologi ci sono in Italia?"

"No," rispondo di nuovo.

"Quasi ventimila," dice lui, e lo scrive. "E non ti chiedo quanti sono in grado di diagnosticare l'endometriosi perché non lo so nemmeno io, ma, francamente, non credo che vadano oltre il migliaio, e mi sento ottimista."

Ha un tono amaro.

"Sai quante sono in Italia le donne con una diagnosi di endometriosi?"

Non aspetta che io dica "no" e scrive su un foglio bianco "3M" e lo cerchia.

"Tre milioni," dice. "T-r-e milioni." E lo riscrive. "La maggioranza delle persone però una diagnosi nemmeno ce l'ha. L'endometriosi," mi dice, "è una malattia invisibile."

Un po' di dati

In ottica diagnostica e divulgativa è necessario chiarire cosa si intende quando si parla di endometriosi. L'idea errata di cosa l'endometriosi sia effettivamente ha sottoposto moltissime persone a trattamenti inadeguati o dannosi per la propria salute. La definizione più accurata e recente è la seguente: "L'endometriosi è una malattia infiammatoria sistemica, caratterizzata dalla presenza di tessuto simil-endometriale rinvenuto in sedi extrauterine". Questo comporta infiammazione, cisti, aderenze, vari tipi di lesioni negli organi toccati. Essendo stata rinvenuta in moltissime parti del corpo, quali intestino, ovaie, vescica, legamenti, polmoni, diaframma, cervello, l'endometriosi non è considerabile una malattia prettamente ginecologica. Nel 30-40% dei casi può portare a infertilità. Mediamente il ritardo diagnostico della malattia tocca i 7-10 anni. Nel mondo circa 190 milioni di persone sono affette da endometriosi. Solo in Italia, i numeri si attestano attorno ai 3 milioni.

I tragici dati che riguardano le persone affette da endometriosi ci permettono di allungare lo sguardo sul contesto italiano in cui questi si inseriscono. Secondo il diciottesimo Rapporto sanità del Crea, al finanziamento della sanità pubblica italiana mancano almeno 50 miliardi per avere un'incidenza media sul Pil simile agli altri paesi europei, e una delle dirette conseguenze di questo è l'enorme spesa sanitaria privata che ogni famiglia è costretta ad affrontare: circa 1700 euro al mese. Il rapporto sottolinea che il 5,2% dei nuclei familiari versa in disagio economico per le spese sanitarie, 378.627 nuclei familiari (1,5%) si impoveriscono per le spese sanitarie e 610.048 (2,3%) sostengono spese sanitarie cosiddette "catastrofiche". Parallelamente, il rapporto Istat sul benessere equo e sostenibile nel 2021 ha osservato che la percentuale di persone che ha dovuto rinunciare alle cure per problemi economici è raddoppiata in soli due anni, passando dal 6,3% del 2019 al 9,6% del 2020 e all'11% del 2021. A fronte della contrazione della spesa pubblica, quindi, come evidenziato da Francesca Coin, il 90% della spesa sanitaria privata è coperta dai risparmi delle famiglie e spesso chi non può pagare di tasca propria rinuncia, semplicemente, a curarsi. D'altro canto, si sottolinea che il numero dei medici che lavorano in strutture pubbliche è diminuito di ben il 9,5% nel solo periodo tra il 2010 e il 2017, mentre il numero di medici operanti in strutture private è aumentato del 15%. Il Sistema sanitario nazionale sta, in breve, collassando su se stesso.

Fonti

Anaao Giovani, *Ospedali. L'inesorabile declino del pubblico. Confronto 2010/2017*, "Quotidiano Sanità", 4 febbraio 2020.
Coin, F., *Le grandi dimissioni*, Einaudi, Torino 2023.
Istat, *Rapporto Bes 2021: il benessere equo e sostenibile in Italia*, 2022.
Crea Sanità, *18° Rapporto Sanità. Senza riforme e crescita, Ssn sull'orlo della crisi*, 2022.
Saunders, P.T.K., Horne, A.W., *Endometriosis: Etiology, pathobiology, and therapeutic prospects*, "Cell", 2021;184(11):2807-2824.
Kennedy, S. *et al.*, *ESHRE guideline for the diagnosis and treatment of endometriosis*, "Human Reproduction", 2005;20(10):2698-704.
World Health Organization, *Endometriosis*, marzo 2023.

Nessuna via d'uscita

Sto uscendo dalla clinica e già sull'atrio mi concedo di scoppiare a piangere come non mi è stato permesso di fare all'interno. È un pianto di rabbia, rabbia enorme, ma non c'è sofferenza. La verità è che una parte di me è felice. Perché è a questo che ci siamo ridotte io e non so più quanti altri milioni di donne: a essere felice di avere una malattia cronica e senza cura. Non per masochismo, ma per necessità di legittimazione. Me lo stringo forte questo pezzo di carta su cui c'è scritto cos'ho. Su cui c'è scritto che non sono pazza né ipocondriaca né sessualmente inabile. Lo stringo fortissimo e non mi importa di stropicciarlo. Qua sopra c'è la legittimazione del mio dolore perché dire al mondo che lo provo ogni giorno non è mai bastato. Ripenso a tutte quelle donne nei video che ho cercato. Tutte così invisibili e così arrabbiate. Vorrei abbracciarle, una per una. Quelle italiane, quelle francesi, quelle spagnole. Chi può capirmi più di loro senza nemmeno avere il bisogno di conoscere il mio nome?

Chiamo mia mamma. Le devo dire tutto. Mi deve sentir piangere. Una parte di me vuole che soffra per quello che mi ha fatto. Che mi ha fatto facendomi nascere così, che mi ha fatto dicendomi per tutta la vita che soffrire era normale, che mi ha fatto non scortandomi in ogni studio medico della nazione finché non avessimo trovato una soluzione. Una soluzione che nemmeno esiste. Una parte di me la odia, insieme a mio padre, che non mi ha mai creduta. Una parte di me si odia, per i pensieri che riesce a generare, per mancanza di bontà d'animo, perché è sempre così incontenibilmente arrabbiata. Il telefono squilla e lei risponde. Le racconto tutto. Mi fingo forte e piango. Mi raggiunge e ci sediamo a un tavolino sporco e spoglio di un bar frequentato solo da ottantenni che giocano a carte e da persone esasperate che escono dalla clinica lì accanto. Mi accartoccio sulla sedia rossa di plastica, mi piego, mi ritiro, mi faccio minuscola e le racconto di nuovo ogni cosa, ogni parola, e poi di nuovo ogni sintomo e ogni dolore. Come se non lo sapesse. Solo che adesso sa che è vero, perché non sono solo io a dirlo. C'è quel pezzo di carta che lo dice. E glielo mostro. Finalmente. Dopo undici anni. Centotrentadue mesi. Quattromilaquindici giorni. Mamma si fida, ma non troppo. Vuole un altro parere. Siamo uno contro venti dopotutto. Contro trenta. Contro quaranta. Non lo so più quanti medici ho visto. C'è comunque la risonanza da fare, gli esami, i test. Abbiamo speso 350 euro, ne spendiamo altri 350. È importante, dice. Non ci vuole credere che ha una figlia malata. Una figlia malata da sempre. E chi glielo dice a mio padre che non era ipocondria? "Facciamo un'altra visita," mi dice, "solo per sicurezza." Facciamo un'altra visita. La voglio fare subito, me la voglio togliere di mezzo. Non me ne frega niente di quello che diranno, io voglio solo avere ragione. Voglio solo sentirmi dire che sono malata. Farmi rivoltare come un calzino a costo di farmi conficcare ogni ago della terra nelle vene così da poter dire, esanime, su questa sedia lurida o una poltrona da ospedale: "Ve l'avevo detto".

L'altra visita la prenoto subito, non c'è troppa fila e il medico ha avuto una disdetta all'ultimo causa Covid. Mi chiedono un tampone, esami precedenti, malattie genetiche. Preparo tutto. La visita è tra pochi giorni. Torno a casa, mi chiudo in bagno, scrivo. Sono arrabbiata, scrivo. Sono arrabbiata per tutti questi anni passati a non essere creduta. A credermi pazza. A credermi una donna piccola e insulsa. Piango. Piango pensando a tutte le volte in cui ho pianto. Penso a tutte le volte che ho scritto di quei miei sogni che non posso realizzare. Scrivo. Scrivo di quanto ho pianto all'idea che ho ventisei anni e non me li posso vivere. E sono undici anni che non me li posso vivere. Penso che non c'è cura e penso che a nessuno importa.

Oggi è il giorno della visita "di verifica". Così la chiama mia madre. Che poi continuo a chiedermi cosa dovrebbe dirmi questo medico quando la risonanza che ho fatto è stata chiara. Ho l'endometriosi. E pure l'adenomiosi. La cura non esiste. Per me poi, che ho avuto pure tre trombosi, la pillola non entra proprio in trattativa. Comunque sono qui, seduta in sala d'attesa da più di quattro ore. Mia mamma è di fianco a me. Ha gli occhi chiusi e annuisce alla voce del telegiornale che rimbalza tra le mura. È sera. È tardissimo. Il medico non apre la porta da oltre un'ora. La segretaria ha la testa appoggiata sul dorso di una mano, mentre con l'altra batte ritmicamente un pennarello rosso sul tavolo. Non c'è nessun altro. La tappezzeria dei divani fa schifo. Le cosce appiccicate su questo velluto ruvido mi danno il disgusto. Non lo so più quanto tempo è passato. So solo che ho iniziato a contare le mattonelle sulle pareti. Ho ricominciato sei volte, dopo aver perso il conto cinque. Al millesimo cigolio a cui ho smesso di girarmi finalmente si apre la porta dello studio medico. Un lungo camice bianco mi dice di entrare mentre è ancora girato di spalle. Fermo mia mamma, che scatta in piedi assonnata. No, mamma, entra dopo. Dopo la visita. Per favore. Lei dice "ok" e si rimette a sedere stanca. È tutto così lento qua dentro. Sulla targhetta della porta c'è scritto "Medico chirurgo L.V.I., ginecologo". Entro in una stanza con una temperatura perfetta e una luce fioca. Il medico è alto circa quanto me. Si muove lentamente. Ha le labbra sottili e le narici larghe. È vecchio. Avrà più di settant'anni. Si presenta calmo, sorridente, severo. Mi chiede come mi chiamo e mi chiede di spogliarmi. Non mi chiede perché sono lì. Quindi, prima di sfilarmi i pantaloni, glielo dico io e gli porgo una pila di documenti e referti. Mi dice che non lo vuole sapere. Che non gli interessa. Non gli interessa perché lo vuole capire da solo qual è il mio problema. Non voglio farmi influenzare, mi dice. Mi indica una specie di séparé dietro cui è nascosto un lettino blu con sopra un telo azzurro, della carta, un ecografo. Mi dice di nuovo di spogliarmi e resta lì ad aspettare. La sua impazienza mi intimorisce, ma mi sbrigo. Voglio solo uscire da qui con un'altra conferma. Mentre ho le gambe aperte sul lettino si avvicina a me. Non accende l'ecografo. Non infila i guanti. Respira in modo pesante, ingombrante. C'è un silenzio alieno in questa stanza. Si avvicina ancora di più al lettino. Il suo busto è fermo tra le mie gambe aperte. Mi poggia la mano destra sul ginocchio e muove il pollice su e giù sulla mia rotula. È dolce. La accarezza. Avvicina la sua faccia tra le mie cosce. Non troppo vicino ma così vicino da farmi sentire il suo alito caldo. Chiudo gli occhi per non vedere la sua espressione rilassata, il suo sorriso sghembo, le sue spalle morbide che si muovono insieme alla sua mano, ma sento la sua ombra che mi sovrasta e le sue mani morbide senza guanti che mi toccano dentro e poi fuori in un modo che riconosco proprio solo della mia intimità e che niente ha a che vedere con tutte quelle mani severe che finora mi hanno visitata. Scivola sulle cavità e le superfici del mio corpo. Comincia a toccarmi, piano, a massaggiarmi, molto piano. Un senso di nausea mi sta asfissiando. Vorrei respirare a pieni polmoni, ma non ho il coraggio di produrre movimenti. Il tessuto ruvido del telo sotto le mie dita strette e l'odore dei guanti di lattice sul carrello di fianco a me mi soffocano. Non respiro. Non deglutisco. Ho paura che un qualsiasi minimo spostamento del mio corpo possa avvicinare la mia pelle alla sua. Vorrei piangere, ma non posso. Provo a convincere me stessa che non sta succedendo nulla di più di una visita ginecologica e mentre apro gli occhi vedo le sue dita che si muovono su di me ritmicamente. Non è una visita ginecologica questa, ma io non posso muovermi. Sono attanagliata dalla nausea, dallo sconcerto, dal dubbio, dal disgusto verso me stessa immobile. Verso di lui, che non smette di toccarmi. Non c'è un solo rumore che mi faccia sperare che tutto questo si interrompa. Non sento più il telegiornale da fuori, il pennarello della segretaria. Non sento mia mamma. Vorrei che entrasse e fermasse tutto questo. Ma non succede nulla. Non finisce mai. Mi guarda duro. Poi, finalmente, si allontana. Resto immobile e quando finalmente non vedo più il suo corpo esco dall'apnea in cui mi sono imprigionata. Mi infilo mutande e pantaloni. Non ho il coraggio di asciugarmi perché non ho il coraggio di toccarmi. Faccio un passo verso l'uscita e lo vedo che mi aspetta dietro la sua enorme scrivania di legno scuro. Vieni qui, mi dice. Apro la porta e chiamo mia madre. Voglio andare via. “Entri pure, signora,” dice lui. Mia madre non se lo fa ripetere nemmeno una volta, non mi guarda, non so come dirglielo. "Mamma no," dico piano. Lei non mi sente, è già entrata, si è già seduta. Lui le sorride. Poi sorride a me. Prende la pila di fogli che gli avevo portato e inizia sfogliarli senza leggerli. Ci passa il dito sopra, lo stesso dito che ha passato su di me. Mamma, ti prego, guardami. Lei non mi guarda. Guarda lui. Io non so dove guardare e così per un secondo mi guardo dentro, e mi viene da vomitare. Lui posa i referti e inizia a parlarmi con una voce calda, con una voce da padre. Io non lo ascolto. Faccio dei versi di assenso, scuoto la testa. Ho gli occhi stracolmi di lacrime che non voglio far uscire. Lui mi fissa spingendo le spalle contro lo schienale della sua poltrona comoda. "Ehi, ascolta quello che dice il dottore," mi dice mia madre. "È importante." Io non riesco ad ascoltarlo, ho il cervello annebbiato, le mani che tremano. Lui se ne accorge e si innervosisce. "Non mi far perdere tempo se non vuoi ascoltare," dice. Non sorride, non si muove. Non so cosa dire per interrompere tutto questo. "Mamma, quest'uomo mi ha appena violentata," le vorrei dire. "Perché lo stai ascoltando?" "Mamma, non lo guardare, non gli parlare." "Guardami, mamma, ti prego." Ma lei non mi guarda. È concentrata. Vuole capire cosa ha sua figlia, come poterla aiutare. Come può sapere, sospettare, immaginare. Io non apro bocca per i quaranta minuti restanti in cui sono stata bloccata in quella stanza.Quando usciamo guardo mia madre, ma non dico nulla. Torno a casa. Sono sola. Vorrei estirpare la violenza da me stessa e mi appoggio sul letto ancora vestita, sperando di dimenticare di svegliarmi.

Torno a scrivere sotto queste righe, sono passati quattro mesi. Non ho parlato a nessuno di quel giorno nello studio medico, ma ci penso ogni notte. Forse è strano, ma non è un pensiero da cui voglio scappare. È piuttosto un pensiero a cui mi aggrappo. Ne ho bisogno. Un bisogno intimo. Ho finto che non esistesse, a volte. Ho vissuto, sorriso, corso, mangiato, lavorato, parlato, ballato. Io non sono cambiata, sia inteso. Ho continuato a salutare le persone nello stesso modo, a odiare il mio capo, a temere i vicoli bui e pure quelli illuminati. Ho continuato a scegliere i vestiti con la stessa attenzione di sempre. A truccarmi. A depilarmi. A contare i miei soldi per le cose che vorrò fare. A compilare le mie liste. È solo che lui, il pensiero, era sempre lì e se non lasciavo che mi affondasse dentro si trasformava lentamente in qualcos'altro. Se incrociando il mio sguardo nelle vetrine permettevo a me stessa di vedermi come sempre, c'era lì qualcuno a dirmi: "Guarda che se continui a fissarti così vuol dire che hai immaginato tutto". È doloroso lasciare che la mia mente affoghi in quel pensiero, lasciare che ogni notte quelle mani ruvide e senza guanti ripercorrano le mie ginocchia, le mie gambe, la mia pancia, le mie cavità, ma mi serve per non finire in quel buco nero in cui mi accuso di menzogna o, ancora peggio, mi urlo che è tutta colpa mia. È così che mi torturo, permettendogli ogni notte di tornare a visitare il mio corpo con le mani e con lo sguardo mentre respira su di me. Ho nascosto tutto anche a V., la mia psicologa. Non capirebbe, mi dico. Chi è che capirebbe? Chi è che conosce la linea che separa una violenza da una visita ginecologica? Chi potrebbe mai dirmi che non ho immaginato tutto? Loro non c'erano. Non hanno visto. Ascoltato. Sentito. E cosa dovrebbe mai fare un ginecologo se non entrarti dentro? Non c'è una via d'uscita. Come la spieghi la dolcezza di un tocco, la profondità di un respiro, il calore di un alito troppo vicino? Come lo spieghi uno sguardo, un movimento, un sorriso? È per questo che taccio. È per questo che ci torno, lì dentro, in quella stanza. Che nessuno mi fraintenda, io vorrei dirlo. Vorrei dirlo a tutti. A mia madre, alla psicologa, agli amici che ho. A un avvocato perfino. Vorrei. Ma se loro non ci hanno vagato, ogni notte, in quel pensiero, finirebbero per dirmi quello che continuo a dire a me stessa: menzogne e costruzioni. I due pensieri si assaltano a vicenda. Nel mio cervello è in corso una guerra di logoramento e l'aria si fa sempre più densa e irrespirabile. Continuo a vivere. Nessuno sa niente. Solo io, e lui. Sono centoventi giorni che annaspo e poi succede una cosa. Io A. non la conosco. Tant'è che nemmeno ne ho mai scritto. Non la conosco nel senso che non ci ho mai parlato. La seguo sui social, leggo ciò che fa, ne condivido qualche idea, so che condividiamo qualche malattia, ma non ho il suo numero e nemmeno so il suo vero nome. Lei nemmeno mi conosce. Sul mio profilo comunque non c'è nulla, solo qualche vecchia foto con gli amici, la mia gatta, i miei libri. Fatto sta che quel giorno A. pubblica qualcosa, una storia su uno dei suoi social, in cui chiede solo: "Raccontatemi le vostre brutte esperienze con i medici". Sotto ha lasciato uno spazio bianco in cui scrivere, ma si possono inserire solo pochi caratteri. Provo un desiderio profondo di dirle ogni cosa. È come se lo avesse chiesto anche a me, in fondo, visto che sono lì che leggo. Che importa se mi giudicherà. Che importa se non mi crederà. Potrei scriverlo e poi cancellarlo. Dirle che ho sbagliato. Dirlo e basta, senza aggiungere nulla, lasciando che sia lì, nero su bianco, tra me e lei. Ecco, allora io lo faccio, lo scrivo. Sono solo sei parole. Digito. "Un ginecologo, mi sono sentita violentata." Provo del sollievo nello scriverlo, dura pochi secondi. Non fa in tempo ad aiutarmi perché il senso di colpa mi attanaglia. Ma che dici? Ma sei cresciuta cogliona? Ma te li fai i cazzi tuoi? Me lo dico da sola, come se mi sdoppiassi, come se avessi due, tre, quattro personalità. Come se dentro di me ci fosse una società intera a giudicarmi. Un plotone d'esecuzione a osservarmi. Che cazzo dici? Deficiente. Le violenze sono altre. Sei immatura. Stupida. Egocentrica. Ma tu lo sai che cos'è una violenza, inetta ragazzina? Ma tu lo sai che cos'è uno stupro? È un abuso di potere. Quello è stato. Un abuso di potere. Ma è inutile che mi rispondo, perché non ho abbastanza voce. Continuo a insultarmi.

A. mi risponde. O meglio, mi scrive. "Ohi," mi dice. "Eccolo lì," mi dico io, "il pietismo." Mi vorrà dire che le dispiace, che non può neanche immaginare cosa si provi e tutto il resto.

"Lui è L.V.I., vero?"

Non rispondo perché sono attonita.

"Il medico che ti ha violentata è L.V.I., non è così?"

Non rispondo. Lei scrive. Cancella. Scrive. Cancella.

Nessuna delle due dice nulla. Ci stiamo fissando attraverso uno schermo. Immobili. Non mi chiedo come faccia a saperlo, non mi chiedo se qualcuno gliel'abbia detto, non mi chiedo nulla. Non chiedo nulla a lei.

"Sì, è lui," le dico. Poi vomito.

Vomito urla che non sono mai riuscita a liberare, paura, pena, colpa, bugie, lacrime, pietà. Vomito tutto, sul pavimento in legno della casa estiva, mentre mia mamma mi sente singhiozzare dall'altra stanza. Mi alzo, apro la porta. Che senta. Continuo. Ci affogo in quel vomito e in quel dolore. Ho quasi voglia di berlo per quanto ne ho bisogno. Berlo per poi ricominciare. E poi di nuovo. "Oh, ma che succede?" mi urla mia madre. Ma qua sono io che devo urlare. Continuo. Silenzio. A. interrompe i miei singulti perché inizia a scrivere, e poi mi dice solo: "Anch'io". Io A. non la conosco. Non la conosco ma vorrei vederla. Adesso. Urlare insieme a lei. Vomitare insieme a lei. Parlare, guardarci, raccontarci, sentire quanto fa male tutto quel silenzio.

"Pensavi davvero di essere l'unica?" mi scrive.

Un po' di dati

Nonostante casi di violenze sessuali perpetrate da medici nei confronti di pazienti vengano riportati spesso dalla cronaca giornalistica italiana, non sono attualmente disponibili dati statistici che consentano di comprendere fino in fondo la portata di questo fenomeno nel nostro paese. Mi sembra quindi doveroso evidenziare quantomeno la differenza che c'è tra molestia e violenza sessuale e quelli che sono i numeri stimati delle violenze sessuali non denunciate nel nostro paese.

La Corte di cassazione penale (sentenza 27042/2010) ha stabilito che si ha violenza sessuale (art. 609 bis c.p.) ogni volta che viene compiuto un qualsiasi atto che consiste in un contatto corporeo (anche se fugace ed estemporaneo) tra soggetto attivo e soggetto passivo del reato, o comunque in un coinvolgimento della sfera fisica di quest'ultimo, e pone quindi in pericolo la libera autodeterminazione della persona offesa nella sua sfera sessuale. Perciò il toccamento non casuale dei glutei, per esempio, anche se sopra i vestiti, si configura come violenza sessuale e non come semplice molestia sessuale (art. 660 c.p.), che è invece integrata solo in presenza di espressioni volgari a sfondo sessuale, ovvero di atti di corteggiamento invasivo e insistito diversi dall'abuso sessuale. Questa definizione è cruciale per comprendere la fondamentale differenza tra molestia e violenza. In termini semplici, ciò che va chiarito è che non si può definire "molestia" un comportamento che coinvolge la sfera fisica perché, mentre la molestia riguarda la dimensione unicamente verbale, la violenza avviene ogni volta che c'è contatto fisico. Derubricare le violenze sessuali a molestie, e le molestie a innocenti scherzi, alimenta la violenza di genere e la cultura misogina della nostra società. Da questo comportamento, purtroppo e come ben sappiamo, non sono esenti media né politici italiani. La paura, il pregiudizio, lo stigma nonché la prassi (sociale, mediatica, politica e istituzionale) di sminuire le violenze sessuali hanno portato l'Italia al dato che segue: mediamente solo 1 donna su 10 denuncia la violenza subita. Questa stima è molto complessa perché sono purtroppo tantissimi gli episodi di violenza non noti e perché la raccolta dei dati in tema di violenza sul territorio non è né aggiornata né sistematica. Ciononostante, possiamo dedurre questo dato da alcune indagini. Ad agosto 2020 l'Istat ha pubblicato un rapporto che ha analizzato le telefonate giunte al 1522 (numero antiviolenza) nei mesi da marzo a giugno del 2020, facendo un confronto con le chiamate giunte negli anni precedenti. Tenuto conto che durante la pandemia di Covid-19 il numero delle chiamate al numero antiviolenza è sensibilmente aumentato, i dati rilevano quanto segue: su circa 6000 telefonate solo 695 (quindi 1 su 10) si sono trasformate in reali denunce. 4738 persone non hanno denunciato e 164 lo hanno fatto ma poi hanno ritirato la denuncia. Un'interessante elaborazione de "Il Sole24Ore" sui dati Istat organizza le motivazioni alla base della mancata denuncia nei mesi di riferimento come segue.

1. Dove vado? 6 persone su 100 che hanno telefonato al 1522 non hanno denunciato (274 utenti) perché non avrebbero avuto un altro posto sicuro dove andare. Un numero che nei primi mesi del 2020 è cresciuto enormemente rispetto agli anni precedenti.

2. Come farò? 1 persona vittima di violenza su 4 afferma di avere troppa paura della persona violenta, ma anche, in generale, della possibilità di affrontare l'iter di una denuncia e le conseguenze pratiche.

3. Cosa diranno? 1 vittima su 4 non vuole compromettere la famiglia, e 65 persone vittime di violenza hanno affermato che pensano che la propria famiglia le giudicherebbe male e non offrirebbe loro alcun supporto qualora denunciassero.

4. Mi aiutate? 166 persone sono state invitate dalle forze dell'ordine a non denunciare o a ritirare la denuncia, un numero in crescita rispetto agli ultimi anni.

5. Mi posso fidare? 61 persone che non hanno denunciato hanno dichiarato di non aver fiducia nelle forze dell'ordine per poter vivere in sicurezza una volta fatta la denuncia.

2086 persone dichiarano di aver paura per la propria incolumità a seguito dell'atto violento e 273 temono per quella dei propri cari. 241 persone che hanno telefonato hanno ancora paura di essere uccise e 1317 vivono in un grave stato di soggezione. 5015 persone su 6496 sono state indirizzate ad altri servizi: 4523 a centri antiviolenza per donne, 148 a consultori familiari, 127 a servizi sociali, 15 a questure, 5 al 118 e al pronto soccorso, e solo 3 a case protette e di accoglienza. Ciononostante, in Italia, i centri antiviolenza sono in numero largamente inferiore a quello necessario e ricevono finanziamenti esigui.

Fonti

Da Rold, C., *Perché la violenza non viene denunciata? Cinque dati per rispondere davvero*, "Il Sole24Ore", 28 agosto 2020.

Gasparinetti e Giorgi Studio Legale, *Che differenza c'è tra violenza sessuale e molestia?*, https://gasparinettiegiorgi.it/it/casi-studio-legale/che-differenza-ce-tra-violenza-sessuale-e-molestia/

Istat, *Il numero di pubblica utilità 1522 durante la pandemia (periodo marzo-giugno 2020)*, agosto 2020.

Rabbia è cura

È ottobre. Continuo ad andare al lavoro ogni giorno. Vivo da sola. Passo le giornate ad alimentare il mio risentimento nei confronti di pressoché tutti gli uomini del mio ufficio. Mi muovo tra i loro sguardi, mi sembra che siano stati allevati tutti nello stesso modo. Mi chiedo come sarebbe se ogni donna di questo edificio iniziasse a opporsi. Invece siamo tutte arrabbiate, ma rassegnate. Ci guardiamo e tacciamo. Credo che ognuna di noi, se ne avesse la possibilità, prenderebbe a calci negli stinchi quegli uomini asfissianti. Ma non siamo state allevate così, noi. Siamo state educate al silenzio, alla compostezza, alla sopportazione. Questo sistema è troppo solido perché una sola donna possa sfidarlo. Quindi stiamo zitte, perché abbiamo paura di perdere il lavoro. Abbiamo paura di non essere credute. Abbiamo paura che le cose peggiorino. A volte penso che vorrei salire al piano più alto, dal consiglio di amministrazione, e dire loro tutto, ma la verità, mi racconto, è che non può esistere una soluzione individuale a un problema collettivo. Quindi la mia soluzione è semplicemente che a volte mi assento. Invento delle scuse. Lavoro da casa. Le molestie mi inseguono nelle chiamate che il mio capo mi fa, ma riesco a gestirle meglio se non sono costretta a guardarlo. Ora sto scrivendo qui perché oggi mi assento del tutto. Ho preso un giorno di ferie. Sono su via Pavia, sto aspettando l'autobus che mi porterà a Roma Termini, alla stazione, dove ho un incontro con delle persone che non conosco per andare a un presidio.

Non sono mai andata a una manifestazione. Non conosco le piazze abitate dalla gente. Questo non sarà proprio un corteo, ma credo che sarà una cosa in cui saremo fermi, seduti per terra, e qualcuno parlerà. Inseguendo gli hashtag social su endometriosi e malattie invisibili mi sono imbattuta in questa iniziativa. Vorrei sentir parlare da vicino delle persone che hanno le mie stesse cose, i miei stessi problemi. Quindi mi sono unita a questo gruppo che una ragazza ha organizzato, un gruppo per andare al presidio tutti insieme. Quando arrivo a Termini non c'è ancora nessuno. Il punto di incontro è in via Giolitti, di fronte al McDonald's, all'uscita est della stazione. Mi appoggio a uno di quei pioli di pietra che ci sono sul marciapiede. Ho portato un cartello nero, con una scritta bianca che ho fatto con un pennarello mezzo scarico. Non so se ci saranno dei cartelli, ma io sul mio ci ho scritto "11 anni di ritardo diagnostico" con una freccia che indica verso la mia testa. Lo tengo arrotolato in un elastico sotto il cappotto, non credo che lo tirerò fuori, ma mi fa sentire legittimata nella mia rabbia, nella mia attesa, nella mia presenza in quel luogo pieno di sconosciuti.

Pian piano iniziano ad arrivare le prime persone. Tutte sorridono e sono imbarazzate. Sappiamo che siamo lì per andare insieme all'incontro ma nessuna dice niente. Io me ne resto in disparte, le guardo mentre iniziano a presentarsi tra di loro. Ascolto i loro nomi, cerco di memorizzarli, cerco di indovinare che malattia abbiano. Sembrano tutte sane, dall'esterno. Non riesco a immaginarmele mentre sono piegate in due dai dolori in un bagno, su lenzuola sporche di sangue, su una sedia di ufficio. Alcune hanno un trucco bellissimo, con dei brillantini rosa. Altre rossetti accesissimi. Una ragazza ha una pelliccia rosa che mi piace tanto. Iniziano a parlare, sembra che si conoscano da sempre. Dopo i nomi si dicono subito di che malattia soffrono. È un modo strano di presentarsi, penso, ma mi fa sorridere. C'è confidenza, fiducia, anche se non si conoscono. Si è formato un gruppetto di una ventina di persone. Molto più di quanto mi aspettassi. Il gruppo si incammina verso piazza dell'Esquilino e io lo seguo. Da Termini alla piazza sono pochi metri. Camminano in fila sul marciapiede, si girano, si sorridono tra loro, chiacchierano, si ripetono i nomi che hanno dimenticato.

Arrivati in piazza c'è una bella luce. La maggior parte delle persone si concentra sotto l'obelisco, le scalinate della basilica di Santa Maria Maggiore invece sono deserte, c'è solo qualche turista. La piazza è enorme. Io la guardo da fuori con il mio cartellone nascosto sotto il cappotto. Mi lego i capelli che mi svolazzano in faccia. Man mano che i secondi passano lo spazio si riempie sempre un po' di più. Ci sono persone stese per terra a pancia in giù che disegnano qualcosa su dei fogli colorati, altre scrivono appoggiate a degli alberi. Ci sono signore più anziane che stanno legando dei fili attorno ai tronchi e ai pali della luce, li fanno passare da un capo all'altro della piazza, come se stessero tendendo lo spago per il bucato. C'è un banchetto con un megafono al centro della piazza, e sopra la sedia sono ammassati dei disegni che da quaggiù non riesco a distinguere. In un angolo c'è un bastone di plastica bianco conficcato in una crepa dell'asfalto e sopra c'è infilato un cartello. "Il costo delle nostre cure", c'è scritto.

È un elenco. Pelvilen Dual Act, due al giorno, 42,20 €. Normast, due al giorno, 25,43 €. Mag2, uno al giorno, 20 €. Riabilitazione del pavimento pelvico, una volta a settimana, 60 €. Visita ginecologica, da 100 a 500 €. Visita specialistica (psicologa, nutrizionista, osteopata), da 40 a 150 €. Endoplus Pro, 25,50 €. Peanase C, 25 €. Poi ci sono dei puntini di sospensione. "La salute privata costa", c'è scritto. Sotto il cartello c'è una duna di farmaci. Un mucchio di scatole vuote ammassate in una montagnetta. Riconosco qualche farmaco della lista e le scatole di Oki e Tachipirina che in casa mia spuntano fuori da ogni angolo. Ci sono blister pieni e blister vuoti, scatole rotte, scatole integre, flaconi, boccette, tubi di pastiglie colorate. C'è di tutto. La gente ci cammina intorno, alcuni si fermano a guardare, una ragazza tira fuori dallo zaino una borsa di tela e la svuota sull'asfalto rovesciando per terra 10-12 scatole vuote di medicinali. Li avvicina con un piede al mucchio e se ne va. Una signora prende il megafono e chiede a tutti di appendere i propri cartelli sui fili tesi lungo l'intero perimetro della piazza. Una ragazza prende una molletta da un cestino lì vicino e appende il suo cartello: "Vogliamo un sistema che si prenda cura di noi". Altre ragazze si avvicinano. "La vulvodinia esiste!" appende una. "Basta salute patriarcale" mette un'altra. C'è sempre più gente e i fili sono quasi pieni. Ci sono tantissimi cartelli: "Forse non hai un buon rapporto con gli uomini, mi hanno detto"; "Anche se non si vede provo dolore, ascoltami"; "Non ho bisogno di rilassarmi, ho bisogno di riconoscimento"; "Di endometriosi, vulvodinia, fibromialgia non si muore, ma nemmeno si vive". Man mano che leggo mi avvicino. Percorro tutto il filo rosso che contorna la piazza. Leggo i cartelli, guardo i visi delle persone che li hanno scritti. Alcune hanno fatto dei disegni.

Mentre attraverso lo spazio una signora con i capelli neri e gli occhi chiari prende il megafono e urla: "Iniziamo". La folla comincia a spostarsi. Le persone si raggruppano e creano forme in movimento. I corpi si compattano, come se già sapessero come muoversi, e ricreano una specie di anfiteatro umano. Le persone sono quasi tutte in piedi. Chi sceglie di sedersi è accovacciato per terra davanti agli altri. Al centro della mezzaluna umana non c'è nessuno, ma sono tutti lì che aspettano qualcosa. Io sono fuori da quella figura collettiva e resto ai margini del gruppo per un po', a osservare che cosa significa abitare quella folla. Tutti sono calmi, in silenzio, si guardano. Scelgo di sedermi. Scavalco qualche gamba e trovo un mio posto fra tutti gli altri corpi. Ci sono quasi solo donne. Qualche amico o fidanzato che tiene delle mani. C'è silenzio, nella piazza. Un silenzio pregno di attesa. Si sente solo il fruscio delle foglie degli alberi e dei cartelloni appesi mossi dal vento. Nessuno parla. Sembra quasi una commemorazione. Una commemorazione dei nostri corpi sfranti. Tutti aspettano. A un certo punto, senza preavviso, qualcuno si alza. L'anfiteatro umano si apre e lascia passare una persona con un paio di anfibi neri che mi scavalca da dietro. È una ragazza. Ha i capelli rasati, tinti di biondo, dei cerchi argentati alle orecchie, le mani piccole. Afferra il microfono e inizia a parlare. "Sono stanca," dice. E mentre parla si fissa gli anfibi. "Sono stanca perché nessuno mi capisce. Il mio fidanzato mi ha lasciata perché non riesco più a fare l'amore con lui. Sono sette mesi che non ci riesco. Non ci riesco perché è doloroso. Fisicamente doloroso. Ci ho provato, per mesi, ma l'eccitazione mi fa male. È come una scossa elettrica che mi trapassa i nervi. Io ci provo a resistere, ma mi chiedo se sia giusto. Mi chiedo se sia giusto costringermi al dolore per non rimanere sola. Mentre me lo chiedevo il mio ragazzo mi ha lasciata, estenuato dalla mia lontananza. 'Ti amo,' mi ha detto, 'ma così non ce la faccio.' Non lo so se mi ama oppure no, fatto sta che mi ha lasciata e io sono dovuta andare via di casa. Ricomincio da me, mi sono detta. Dalle mie amiche. Ma la verità è che le mie amiche non mi invitano più a uscire perché tanto sanno che dirò di no. Anche quando sono io a invitare loro, poi all'ultimo secondo, due volte su tre, annullo tutto perché questo corpo di merda mi inchioda al letto o su un pavimento. Il lavoro ce l'ho ancora, ma non ce la faccio più a sentire il mio capo che mi dice di smetterla di assentarmi. Ho finito i giorni di malattia. Ho finito i giorni di ferie. Ogni mattina mi trascino al lavoro. Perché se non lavoro non posso pagare tutti i farmaci e le visite e i controlli. Ma come lavoro se sto sempre così male? Come faccio a migliorare se non compro i farmaci? E come li compro se non posso lavorare?" Mentre parla singhiozza, cerca di non piangere. Cerca di mostrare la rabbia e non la mortificazione. Vorrei dire che ci riesce, ma non è vero, perché nella sua voce c'è tutto. Posa il microfono, "scusate", si sente piano. Le persone intorno a me applaudono. Qualcuna urla "brava!", qualcuna urla "forza", qualcuna invece lo sussurra, come se lo dicesse a se stessa.

Nella folla c'è un brusio e poi ritorna subito il silenzio. Vedo i pensieri della gente prendere forma e poi la mezzaluna si apre di nuovo e ne esce un'altra donna. È vestita bene, avrà circa quarant'anni, ha lo smalto rosso, scarpe con il tacco alto, una camicia azzurra un po' larga e una collana di perle colorate. Ha un viso scolpito. È austera, seria. Si abbassa sulle ginocchia e raccoglie il microfono da terra. Fa per rialzarsi ma forse non ci riesce perché alla fine piega le gambe e si poggia per terra. Fa un sorriso un po' imbarazzato, stringe il microfono tra le nocche: "Eccoci," dice, come se volesse giustificarsi. La gente le sorride. "La mia è una storia fortunata. Molto diversa dalla tua," dice mentre cerca con gli occhi la ragazza degli anfibi. Ha una voce materna. "Io ho un marito che accetta la mia malattia. Ho un lavoro che posso fare da casa e ho avuto la diagnosi con soli quattro anni di ritardo. Certo, ho speso molti soldi per riuscire ad averla, ma poi alla fine ce l'ho fatta. Il punto, sapete, è che poi non cambia nulla. Certo, provi a gestire il dolore, la malattia la monitori, la vita, alla fine, la vivi. Ma la verità è che è una vita di merda." Mentre parla la sua mano sinistra ha un tremore incontrollabile. Lei cerca di tenerla ferma, ma non riesce. "La verità è che se bevo quel bicchiere di vino che vorrei da morire lo stomaco mi prende fuoco, la verità è che vorrei farmi una bella scopata con mio marito ma ogni volta sembra che stiamo pianificando un parto gemellare, la verità è che vivo come se ci fosse un uomo dietro di me a prendermi a frustrate sulla schiena ogni volta che mi sembra di vivere una vita normale. 'Non ce la faccio più,' mi ripeto ogni mattina come un mantra, e poi sorrido, mi infilo questi cazzo di tacchi e vado a fare le mie commissioni fingendo di essere sana e dicendo a tutti di non preoccuparsi mentre io, in realtà, vorrei essere solo morta." Quando smette di parlare allontana il microfono e lascia andare un sospiro fortissimo come se si fosse appena tolta dalle spalle un peso che la ingobbiva e la schiacciava al suolo. Tra di noi, invece, inspiriamo forte, come se un pezzetto di quel fardello l'avessimo raccolto e avessimo accettato, in silenzio, di portarlo in groppa per dividerlo con lei. Di nuovo, nessuno parla. Ci sono solo occhi gonfi di lacrime intorno a me. Qualcuno applaude di una rabbia stanca, ma la maggior parte delle persone piange. Piange davvero, davanti a tutti. Qualcuna si abbraccia, altre scavano nello zaino o nella borsa lentamente, per cercare forse dei fazzoletti con cui asciugarsi il naso. C'è anche un uomo che piange. Anche io piango. Non piango per riflesso. Piango per esasperazione. Esasperazione da contenimento. Da solitudine. Se mi guardo intorno quello che vedo è un racconto collettivo. C'è gente che si scambia sguardi brevi o più lunghi, gente che si consola con gli occhi, che guarda dritto in fondo alla piazza oppure che guarda le altre come per dire: "Lo so. Anche io". Chiudo gli occhi per ascoltare il mio respiro, contenere la mia rabbia. Invece sento quella degli altri. Delle altre. È una piazza viva, viva in modo ardente.

Altre persone spaccano la folla a metà per prendere il microfono. I corpi si ricompattano subito e si mettono all'ascolto, come mai ci era successo. Applausi intervallano silenzi. Silenzi intervallano lacrime. Sembriamo tanti steli d'erba in un prato immenso. Molte donne parlano. Una donna racconta di una diagnosi che ci ha messo vent'anni ad arrivare. È stata ricoverata dodici volte prima che qualcuno prendesse in considerazione il suo dolore come reale. La metà delle volte, dice, hanno detto che era sicuramente stress e prescrivevano qualche ansiolitico. Ha una voce roca, da fumatrice, la bocca grande, delle belle labbra. Mentre racconta vibra di sdegno, ma mantiene un'aria dignitosa, non freme d'ira. È collera, piuttosto. Alcune donne mentre parlano sembrano sicure, altre piene di dubbi, e raccontano la loro storia come se fosse una preghiera. Qualcuno nella folla mi urta per sbaglio e poi per scusarsi mi stringe la mano. È come se la condivisione di queste sofferenze ci garantisse l'intimità che non abbiamo mai potuto concederci. Nella piazza cala il buio e inizia a penetrare l'umidità, il freddo, ma nessuno si muove. Nessuna osa, neanche per un solo attimo, praticare quell'indifferenza che le è stata riservata per anni. Ci sono lunghi silenzi, in cui nessuno parla. Non c'è una lista per prendere il microfono, chi vuole si avvicina e racconta di sé. La folla aspetta, paziente. C'è una complicità dolorosa, tra di noi, che a ogni storia, sempre di più, si trasforma in fiducia. Forse perché il dolore è la cosa più intima che si possa condividere con qualcuno. È incredibile come ogni racconto si somigli e sia, in qualche modo, uguale per ognuna di noi. Centinaia di persone con la stessa storia. Centinaia di persone sconosciute identiche a me. Non c'è una testimonianza che prevale sulle altre, sono tutte sullo stesso livello, ricevono tutte lo stesso ascolto, lo stesso calore, la stessa empatia. È un flusso di umanità senza fine. Ascolto ognuna di queste donne cercando di non fare rumore con il mio respiro. Una parte di me non ne può più di tutta questa sofferenza, di tutta questa ingiustizia, di tutto questo dolore.

Si dice che si è sempre coraggiosi a sufficienza per la sofferenza altrui, ma non è vero. Io sono sfiancata da tutto questo dolore. Dal dolore di tutte queste donne. La verità è però che non posso andare via perché non riesco a smettere di nutrirmi di tutta questa empatia che mi circonda. Che cosa succederebbe se per strada iniziassi a piangere, su una panchina? Probabilmente nulla. Qui tutti si comprendono, ovunque io giri lo sguardo c'è qualcuno disposto ad ascoltarmi, a stringermi, a stare in silenzio assieme a me. "Il male immaginario è romantico, romanzesco, vario; il male reale incolore, desertico, noioso. Il bene immaginario è noioso; il bene reale è sempre nuovo, meraviglioso, inebriante," diceva Simone Weil. Questa piazza è piena di collera e vita. Ci sono visi stoici e stremati, visi tristi, visi sollevati, visi leggeri, visi pieni di rancore, visi felici, perfino. Mi guardo intorno per fotografare tutto questo con gli occhi, per non dimenticarlo mai, per custodirlo quanto più a fondo mi è possibile, per poterlo poi riprendere con me quando ne avrò bisogno, quando mi sentirò l'unica al mondo incatenata al proprio corpo e alla solitudine.

Il dottor G. le ha chiamate "malattie invisibili" perché non si vedono, ma io non credo che sia esaustivo. Guardo tutte queste donne e credo che il peso dell'invisibilità passi per l'invisibilizzazione. E credo che invisibilità, poi, significhi ben più di qualcosa che non è visibile. Invisibili sono queste malattie perché sono invisibili alla ricerca, che non fa quello che dovrebbe fare, cioè cercare, e non lo fa perché non ci sono fondi stanziati per queste malattie, invisibili. Invisibili significa che i medici formati per individuare queste malattie sono davvero pochissimi e quindi impegnatissimi, con liste d'attesa infinite. Invisibili significa che il Ssn queste malattie (ancora, invisibili) non le riconosce. Invisibili significa invisibili mediaticamente, perché non c'è uno straccio di informazione su tutto ciò né in tv, né sui giornali, e nemmeno nelle aule politiche, se la vogliamo dire tutta. Invisibili significa che ognuna di noi, in questa piazza, ha avuto una diagnosi solo ed esclusivamente perché qualcuna, prima di noi, ha deciso di parlarne pubblicamente e ha detto alle altre: "Guarda che è vero! Non ti stai inventando tutto. Si chiama endometriosi o vulvodinia o fibromialgia...". Invisibile significa che centinaia e centinaia di corpi sarebbero ancora senza diagnosi se non fosse per la casualità di aver intercettato qualche discorso online. Come è stato per me. Come è stato per tutte quelle attorno a me.

Mi arrovello il cervello in questi pensieri, all'evidenza di una invisibilizzazione che è riservata a milioni di persone in questa guerra ad armi impari. Non posso non pensare a tutte queste donne e a cosa abbiamo condiviso, pur non conoscendoci. Le cerco tra la folla, quelle che hanno parlato, vorrei guardarle, come si muovono nella loro vita, nei loro vestiti, fra le altre persone. Vorrei guardarle per cogliere le nostre differenze, i nostri tratti simili. Vedere se abbiamo lo stesso modo di muoverci nello spazio, la stessa maniera di portarci la mano sul ventre per timore di un dolore che vorremmo prevenire. Le cerco, le inseguo con gli occhi facendomi largo tra la gente. Tutto questo dolore che mi circonda è lacerante e mi chiedo se chi non lo prova ogni giorno possa capirlo. Mi chiedo se da queste righe possa trasparire un piccolo lembo di quello che significa soffrire, ogni giorno, e poi ritrovarsi in una piazza dove non esiste solitudine. Mi fermo, per pensarci, per pensare a come fare in modo che le persone capiscano l'importanza fondamentale dell'empatia in questo mondo, e mentre ci penso incrocio lo sguardo di una persona. Lo sguardo di una donna. Ha i capelli neri e spessi, lunghi, mossi in modo incolto. Anche i suoi occhi sono neri. Ha ciglia lunghe, è struccata, il suo viso è tondo, pulito. Ci guardiamo da lontano, attraverso la piazza. Nessuna di noi allontana lo sguardo o lo interrompe. Nessuna di noi sorride. Continuiamo semplicemente a guardarci, in silenzio, nel rumore. Mentre ci guardiamo ci avviciniamo piano, oltrepassando le persone con le spalle. Non ci stiamo studiando o analizzando, c'è piuttosto un messaggio silenzioso che passa dall'una all'altra. Mentre viene verso di me la sua figura si fa sempre più grande nei miei occhi e la basilica dietro rimpicciolisce. Forse lei non fa più caso alle macchine che passano, oltre il marciapiede, dietro la mia schiena. Quando tra me e lei c'è solo mezzo metro la smettiamo di guardarci e senza dire nulla, semplicemente, ci abbracciamo. È un abbraccio caldo, caldo di comprensione, di amicizia, di paura, caldo di rabbia e di rancore. Un abbraccio lungo, immenso, completo. Le nostre teste si toccano. I suoi capelli vanno nei miei e i miei nei suoi, e stiamo lì, senza più guardarci, solo a dirci, in silenzio, che ci siamo. Un senso di liberazione mi invade. La abbraccio fortissimo perché, per la prima volta in questa vita, in questa piazza, in queste braccia, io non mi sento sola.

Un po' di dati

Le disabilità invisibili e invisibilizzate sono un vastissimo tema di cui in Italia si parla ancora troppo poco. Non è un caso, infatti, che i dati a oggi disponibili non siano in grado di restituire una dimensione precisa della quantità di persone la cui vita è impattata da tali malattie. Ai fini di una politica e quindi di una medicina che siano in grado di far fronte alle necessità e ai bisogni di tutti gli individui, è necessaria in primo luogo la conoscenza di queste patologie. Tra le patologie invisibili e invalidanti più diffuse, al fianco dell'endometriosi, rientra senza dubbio la vulvodinia, termine che indica un dolore cronico localizzato nell'area vulvare presente da almeno 3-6 mesi. La vulvodinia oggi è ancora una patologia largamente sottovalutata e poco conosciuta perfino in ambito medico sanitario, nonostante non si tratti di una patologia rara: si stima che il 15% delle persone con organi genitali femminili ne soffra. I sintomi sono molteplici e cambiano da persona a persona. Prurito, bruciore, sensazione di spilli, dispareunia, sensazione di scariche elettriche, sensazione di pelle ustionata, disturbi urinari, perdite vaginali abbondanti, gonfiore. È una patologia che impatta altamente la vita di chi ne soffre. Spesso si ha difficoltà a indossare indumenti stretti, a stare tanto tempo sedute e il dolore impedisce lo svolgimento delle più semplici attività quotidiane.

Il 45-65% dei ginecologi non sa diagnosticare la vulvodinia e solo il 20% è capace di impostare una prima terapia. Questo comporta un grande ritardo diagnostico che si traduce in un percorso di guarigione lungo e sofferente. Ciononostante, la vulvodinia non è a oggi riconosciuta dal Sistema sanitario nazionale e tutti i costi sono a carico della paziente. Ne consegue che molte persone non hanno la possibilità economica di curarsi. La stessa identica cosa vale per altre malattie, come neuropatia del pudendo o fibromialgia, tutte invisbili e invisibilizzate.

Secondo il report Istat *Noi Italia 2023*, la spesa sanitaria pubblica italiana è di gran lunga inferiore rispetto a quella di altri paesi europei. Si aggiunga che il confronto europeo evidenzia che, in Italia, nel 2021, le famiglie hanno contribuito alla spesa sanitaria complessiva (pubblica e privata) per più del 24%, collocando il paese ai primi posti tra le nazioni dell'Ue. Ciononostante, l'Italia presenta i livelli più bassi di posti letto ogni mille abitanti. Ancora, dall'indagine sul benessere equo e sostenibile in Italia del 2021, emerge che l'11% delle persone che avevano bisogno di visite specialistiche o esami ha rinunciato per problemi economici legati alle difficoltà di accesso al servizio. Fino al 2019 la rinuncia a prestazioni sanitarie mostrava un gradiente territoriale Nord-Mezzogiorno, a svantaggio di quest'ultimo, mentre negli ultimi due anni la situazione pandemica ha reso il problema della rinuncia a visite e accertamenti omogeneo sul territorio. Al livello regionale, permangono comunque alcune situazioni particolarmente critiche, per esempio in Sardegna, dove la percentuale di persone che hanno rinunciato a visite o accertamenti nel 2021 è pari al 18,3%. Gravi sono anche gli aumenti registrati in alcune regioni come il Lazio, dove la quota di persone che rinuncia a visite o accertamenti è del 13,2%, dato del 5% circa più alto rispetto a soli due anni prima.

Fonti

Bautrant, E., Porta, O., Murina, F., Mühlrad, H., Levêque, C., Riant, T., Ploteau, S., Valancogne, G. e Levesque, A., *Provoked vulvar vestibulodynia: Epidemiology in Europe, physio-pathology, consensus for first-line treatment and evaluation of second-line treatments*, "Journal of Gynecology Obstetrics and Human Reproduction", aprile 2019.

Bergeron, S., Reed, B.D., Wesselmann, U. e Bohm-Starke, N., *Vulvodynia*, "Nature Reviews Disease Primers", 6, 36, 2020.

Comitato vulvodinia e neuropatia del pudendo, *Vulvodinia e neuropatia del pudendo: un dolore senza voce*, 2023, https://www.vulvodinianeuropatiapudendo.it/wp-content/uploads/2023/11/Dossier-Scientifico.pdf

Graziottin, A., Murina, F., *Vulvodinia. Strategie di diagnosi e cura*, Springer Verlag Italia, Milano 2011.

Istat, *Noi Italia, 2023*, 2023.

Istat, *Il Benessere Equo e Sostenibile in Italia 2021*, 2022.

Spinosa, J.-P., de Bisschop, E., Laurençon, J., Kuhn, G., Dubuisson, J.-B. e Riederer, B.M., *Les réflexes sacrés etagés dans l'étude de la névralgie pudendalte: validation anatomique* [Sacral staged reflexes to localize the pudendal compression: an anatomical validation of the concept], "Revue Médicale Suisse", 2, 84, 2006.

Dominio e privilegio

"Esistono luoghi neutri?" è probabilmente la domanda più importante che mi sia mai stata fatta e che ora, a mia volta, io voglio porre a voi. Aule, conoscenza, scienza, sapere, possono essere luoghi neutri? Cosa determina la neutralità di uno spazio? Cosa determina la sua polarizzazione? Cos'è, di preciso, che fa sì che il sistema di diseguaglianze resti in piedi? Passo preliminare per potersi dare una risposta è probabilmente l'interruzione di quel flusso che ci mostra lo spazio (geografico, sociale, umano) in funzione della nostra realtà. "Sì," risponderebbe a se stessa una grande parte di noi. "Sì che la conoscenza è un luogo neutro. Sì che la scienza lo è altrettanto." L'esperienza ci guida. I libri letti. Le parole ascoltate. La storia. Le dichiarazioni politiche, magari. Ma se il punto di riferimento cambiasse? Se colonna portante della nostra consapevolezza non fosse più la nostra esperienza, ma quella altrui? Se base salda delle nostre convinzioni non fossero più le parole pronunciate dalle voci dominanti, ma quelle pronunciate da chi vive le ripercussioni di un permanente dislivello? Se nel mondo ogni esperienza avesse il valore delle altre e ogni vissuto lo stesso potere, cosa resterebbe delle nostre consapevolezze dopo aver ascoltato la vita di chi abita questo nostro stesso mondo?

Mentre scrivo, sono al Policlinico di Roma. C'è una folla terribile, una puzza terribile e un caldo reso ancora più appiccicoso dall'aria stantia. Se non fossi disgustata dall'untuosità di questo divano probabilmente mi spoglierei per sopravvivere all'afa. Seduta di fianco a me, in questo angolino della sala d'attesa, c'è una ragazza di cui non saprò mai il nome. Ha la pelle nera, color caffè macchiato, e ha addosso un vestito di lino rosso scuro. Ha una vena bluastra al centro della fronte. Riesco a vederla perché c'è questa luce bianca del neon che la illumina proprio dritta in faccia. Mi chiedo se non le dia fastidio, sparata negli occhi così. Lei comunque sembra non farci caso perché è davvero molto concentrata a martoriarsi le unghie. Ogni tanto ci guardiamo di sfuggita. Io in realtà la guardo tanto, ma lei sembra non accorgersene. Non sapendo cosa fare, le unghie inizio a martoriarmele anche io.

Viste da fuori ora sembriamo probabilmente due stupide, chine, ricurve e concentrate sulle nostre dita, dedite come non mai a rosicchiare pezzi di unghie che poi non sappiamo dove sputare senza farci notare. C'è un che di comico in questa scena, soprattutto nei difficoltosi tentativi di sputo disinvolto, e lei sembra accorgersene. Ci guardiamo entrambe con la bocca ingombra, ancora ingobbite sulle ginocchia e le mani umidicce a pochi centimetri dai denti. Ridiamo. Io alzo le spalle come per dire "non so che farmene di 'ste unghiette che mi navigano in bocca" e lei mi sorride sinceramente divertita. Anche lei non sa che farsene. Io prendo un fazzoletto, lei prende un fazzoletto, e il pasto si conclude lì per entrambe. Mi va di chiacchierare, quindi le dico con fare noncurante che questo odore acre e saponato di disinfettante nel naso mi dà un fastidio terribile. Le chiedo se non faccia venire mal di testa anche a lei e mi risponde di no, che è abituata. Mi domando se questo significhi che è abituata agli ospedali e quindi le chiedo, cauta ma non troppo, perché sia lì in quel momento. A leggere queste righe così c'è da pensare "ma fatti i cazzi tuoi", il che è più che legittimo, ma la verità è che la conversazione che sto per avere con lei, e che riporterò di seguito, ha aggiunto un pezzo fondamentale al sistema di consapevolezze che attorno mi si è costruito.

Nel momento in cui le ho chiesto cosa ci facesse lì, su quel divano lurido, lei mi ha guardata svelta e con occhi vivi perfettamente incorniciati da una sottilissima linea di matita marrone. "È complicato," mi ha velocemente risposto. Ha un accento romano di quartiere, una voce calda ma sottilissima, che faccio quasi fatica a sentire. Ci metto un solo secondo a chiedermi se la sua risposta sia un modo gentile per stroncare la conversazione. Per fortuna però non lo è, perché lei riprende a parlare subito e mi dice che, se ne ho voglia, me lo può raccontare, almeno passiamo il tempo in questa sala d'attesa dove si riesce solo a sudare. Certo, le dico io. La prima cosa che fa, allora, è sollevarsi la gonna lunga, portarla oltre le ginocchia, e indicarmi un'enorme chiazza scura sulla sua gamba. Non si vede bene se non ci fai caso, perché la sua pelle è nera e quindi la macchia non risalta molto, ma quando me la indica la circoscrivo con gli occhi. Sarà di dieci o dodici centimetri più o meno. Non sembra una cosa grave. Appena vede che ho identificato la macchia abbassa subito la gonna e torna a guardarmi. "Io sono romana," mi dice, "sono nata qui, ma i miei genitori sono indiani." Torna a indicarmi la gamba di nuovo nuda e continua: "È iniziato tutto quando ero molto piccola, avrò avuto otto anni. Era estate, si moriva di caldo e io avevo questa sorta di bolla dolente sulla gamba, che nel giro di pochissimi giorni ha iniziato a trasformarsi in una crosta sempre più grande. Una crosta tutta bagnata da cui uscivano sangue e pus. Ricordo che si attaccava al pantalone che la strappava via a ogni piccolo movimento, e quindi continuava a sanguinare senza darmi pace. Dopo un po' ho iniziato ad andare dai medici, ma non sapevano cosa fosse. Dopo le prime due visite sono stata ricoverata. Era passato solo qualche mese da quando mi era comparsa la crosta per la prima volta. Mi ricoverano per due settimane all'Idi, l'Istituto dermatologico per eccellenza a Roma. Ero totalmente sola perché i miei genitori lavoravano. Avevo nove anni. Mi ricordo che condividevo la stanza con un ragazzo, non so perché fosse ricoverato, ma mi ricordo di sicuro che ero piccola e stare chiusa in quella stanza da sola con lui mi metteva a disagio. Nell'Istituto iniziarono subito a farmi diversi test e c'era sempre il momento in cui mi portavano via dalla mia stanza per trascinarmi in un'altra e ricoprirmi di oli e di creme e fasciarmi la gamba con una stola strettissima. Entravano in continuazione per ricoprirmi di mercurio cromo che bruciava. Col tempo mi sono convinta che è quello che ti danno quando non sanno che fare. La cosa del fasciare è interessante sai, perché ho scoperto con il tempo che fasciarla è sbagliatissimo, dovrebbe anzi respirare, prendere aria il più possibile, eppure io ti giuro che per tutti i primi dieci anni della mia vita l'ho sempre portata coperta, stretta, fasciata, perché questo mi dicevano i medici e quindi questo facevo. Fatto sta che man mano, di croste simili, iniziarono a comparirmene altre su varie parti del corpo (gomiti, seno, capezzolo, schiena) e man mano, loro, i medici, mi continuavano a dire di stringerle con delle garze.

"A undici anni ero ricoperta da queste croste purulente e i miei genitori mi portarono esasperati dal pediatra. Ricordo che la dottoressa che mi aveva in cura all'epoca non c'era, era stata sostituita da una donna sulla quarantina, bianca come il latte e con i capelli neri corvino. Quando le mostrai le mie gambe, sempre più chiazzate, mi guardò seria e attonita e disse, senza giri di parole, a me e ai miei genitori, che stavo per morire." Mentre me lo racconta ride, un sorriso amaro, ma sinceramente divertito. "Anche da piccola mi misi a ridere," continua, "ridevo in risposta alla sua ridicola angoscia apocalittica. Mi ricordo che pensai: 'Forse crede che abbia un tumore', e mi spedì infatti in un istituto oncologico. Non ci andai. I miei genitori mi portarono invece in India, totalmente sfiduciati nelle capacità mediche occidentali.

"Arrivai in India insieme ai miei e ricordo che incontrammo due medici in particolare: uno dei due operava in un tempio. Entrammo tutti in questo tempio e quando il medico mi vide mi esaminò attentamente, con cura. Sfiorò le lesioni che avevo in giro per il corpo e poi iniziò a muoversi per il grande spazio del tempio raccattando cose sparse in angoli e panche. Non ci mise molto a raccogliere tutto e mentre io lo guardavo, all'impiedi, immobile sul lato destro della stanza ampia, lui iniziò ad accendere un falò. Man mano che il fuoco prendeva vigore lui lo alimentava con diverse erbe e spezie. È un rituale che si chiama 'Hawan', non è raro nella medicina ayurvedica. Mi ricordo questo odore fortissimo che penetrava nelle mie narici e inondava tutto il tempio. Il rituale non durò moltissimo, ciò che contava non era tanto il fuoco che bruciava al centro della stanza quanto i suoi resti. Ricordo che il medico raccolse le ceneri di quel falò speziato e me le porse, dicendomi di sfregarle su tutte le mie macchie, lì, in quel momento, e ogni volta che mi fossero comparse. Di ingerirle, anche, quelle ceneri. Io lo feci. Erano amare, me lo ricordo.

"Vedemmo poi anche un altro medico, che sapevamo essere stato istruito in Occidente e che adesso, dopo anni di studio, era tornato in India per praticare lì la medicina occidentale. Ricordo che mio padre si arrabbiò tantissimo con me perché mi rivolsi a lui in punjabi, la nostra lingua, e voleva invece che gli parlassi in inglese. Anche lui mi controllò, con cura, ma ci mise poco, e riferì a me e ai miei genitori che non avevo nulla. Mi passò delle creme illustrate da caratteri indiani, che io non sapevo leggere, e ci congedò così. Io le creme le misi, ma non funzionarono. Che non funzionarono te lo dico ora, perché lo so, ma all'epoca ero convinta che funzionassero. Ero convinta che ogni cura funzionasse, mi concentravo sui millimetri in più o in meno delle mie ferite e quando vedevo che non aumentavano ero felice, pensavo che fosse la strada giusta.

"A quindici anni avevo ferite che colavano sangue e pus letteralmente su tutto il corpo: le avevo sul petto e sul collo e sul seno, sulle gambe, sulla schiena, sui gomiti, sulla pancia. Continuavo a spalmarmi prodotti in modo compulsivo, creme, mercurio. Mi fasciavo, più stretta che potevo. Cercavo di nascondere tutta quella roba per vergogna e anche io, che ero al liceo, cercavo di nascondermi ed essere il meno evidente possibile. Ero sempre tutta sporca di rosso, macchiata indelebilmente dalle dosi massicce di mercurio cromo che mi versavo addosso nella speranza che servisse a qualcosa. C'erano momenti in cui la gamba mi faceva talmente tanto male che non riuscivo a camminare.

"Ricordo che ero disperata, ma i miei genitori ormai non lo erano più, d'altronde cos'altro potevano fare? Avevamo visto così tanti medici e speso così tanti soldi che non c'era davvero altro che avremmo potuto tentare. Mia madre iniziò a dirmi che le croste mi venivano perché non mi lavavo. Non era vero, ovviamente. Mi lavavo come i miei fratelli, mi lavavo come tutti. Era entrata però in fissazione. 'Quando sei nata eri bianca,' mi diceva, 'ora hai la pelle nera.' Lei odiava questa cosa, odiava che avessi la pelle scura."

Per un secondo la interrompo con lo sguardo e lei smette di parlare. Mi limito semplicemente a fissarla con aria interrogativa, ma forse lei vuole dissipare il dubbio con cui la guardo perché si ferma e mi spiega: "Sì, mia mamma è indiana, è nata in India, è cresciuta lì e poi si è trasferita qui in Italia. In India le persone non hanno tutte lo stesso colore di pelle, mia madre, per esempio, è più bianca di me. È chiara. Può sembrare strano questo giudizio di mia madre sulla mia nerezza, ma non lo è, perché in India il colorismo è fortissimo. È una sorta di razzismo interno, per dirlo in modo semplice. C'è una sorta di gerarchia: siamo tutti indiani, però gli indiani bianchi sono meglio e gli indiani scuri sono peggio. È come se la quantità di melanina che hai nella pelle determinasse la quantità di discriminazioni a cui andrai incontro. Da dove vengono i miei genitori questa è una convinzione normalizzata. Quando ero neonata mia zia mi faceva il bagno nel latte, perché pensava che così sarei cresciuta bianca. Anche oggi, quando la sento, mi dice che da piccola ero più bella, perché ero più bianca. Comunque non la sento spesso, perché lei ora vive in Canada. Fatto sta che ai miei fratelli nessuno faceva il bagno nel latte, e di sicuro mia madre non diceva loro che non si lavavano perché sono scuri di pelle. Se sei uomo importa meno se sei nero. Mio padre, per esempio, è scurissimo, ma non conta poi tanto. È una distinzione di genere, uomo-donna. Se sei donna devi essere bianca, altrimenti non ti sposa nessuno. Questo è quello che cercava di farmi capire mia madre. Lei non voleva questo, ovviamente, e quindi continuava a massaggiarmi la faccia con creme sbiancanti. Man mano mi sono comparse delle macchie più chiare su tutto il viso. Ricordo che avevo la pelle chiazzata da quelle creme, che non riuscivano a sbiancarmi uniformemente. Ci ho messo anni per capire che erano le creme di mia madre a crearmi quegli aloni biancastri in faccia, mentre io vivevo nel terrore che tutte quelle ferite sparse per il corpo fossero lì lì per popolarmi anche il viso. Solo quando ho smesso di oliarmi con le creme di mia madre è ricomparsa la melanina e sono tornata ad avere un viso normale, con una pelle uniforme".

Ha uno sguardo grande, adulto, mentre mi racconta di lei bambina. Vorrei stringerle le mano, ma non lo faccio per non interrompere i suoi pensieri con i miei. Non voglio disturbare nemmeno il suo sguardo perso, che sicuramente si poserebbe su di me se la toccassi. "Per un anno è andato tutto bene," mi dice quando riprende a parlare, "a vent'anni sembrava che fosse sparito tutto. Non lo puoi capire quanto ero felice. Ma è durato poco. A ventun anni ero di nuovo all'Idi. Ero così stanca, frustrata. Mi ricordo che attraversai per l'ennesima volta quelle porte completamente disillusa. Mi assegnarono una nuova dottoressa che non avevo mai visto. La prima volta che la incontrai mi visitò, anche lei con cura. Come tutti gli altri prima di lei. Mi fece vari esami. La differenza, però, questa volta, è che mi fece tornare. Mi fece tornare da lei varie volte finché non mi prescrisse una biopsia. Io non ne avevo mai fatta una, né in Italia, né in India. Fu la chiave."

Improvvisamente si ferma e non mi dice più niente. Si tocca la gonna, e si piega per stringersi i lacci delle Superga bianche. Il suo respiro è calmo e rassicurante, le mani invece sono frenetiche, le dita sono irrequiete, se le passa tra i capelli, poi sulla faccia e infine tra i denti. Si mangia ancora le unghie.

"Sai, il punto non è tanto che cosa avessi, che cos'ho. Cioè, te lo dico ovviamente, avevo degli eczemi atopici in giro per il corpo. Eczemi, banalissimi eczemi. Ma non è tanto questa la questione." La questione, dice. Avevo in mente che ci fosse una questione mentre parlava. Una questione tra le righe. Quale che fosse questa questione ne avevo pure un'idea, ma un'idea completamente disorganizzata. Per qualche istante non parliamo più e guardiamo entrambe la luce bianca e fredda del neon di fronte alle nostre facce. Probabilmente quell'alone biancastro annebbia gli occhi di entrambe, perché in pochi secondi torniamo a guardarci. Un po' come se quella pausa fosse stata sufficiente e adesso dovessimo immediatamente tornare alla realtà dei fatti, quella nascosta dietro il presente che abitiamo. Lei è arrabbiata, lo capisco dagli occhi immobili, da come muove le braccia. Per qualche minuto non dice nulla. Io non mi muovo fino a che non decide di ricominciare a parlare.

"La dottoressa che mi ha detto che erano semplici eczemi mi ha anche detto come trattarli. Gli eczemi sono una cosa conosciutissima in Europa, molto diffusa. Non ci sono problemi a individuarli e nemmeno a trattarli. È una cosa semplice, nessuna malattia atroce. Lei mi ha detto di non coprirli troppo, di fargli prendere il sole. Tutto il contrario di quello che mi è stato detto per quindici anni, sostanzialmente. Non per cattiveria, è ovvio. Ma mi sono costati molto, quegli errori, quella totale incapacità di raggiungere una diagnosi ha avuto per me un prezzo molto alto. Molti soldi, molta stima di me, la sicurezza che non ho mai avuto, molto dolore, molta solitudine."

Si ferma, prende una borraccia verde dalla borsa e beve. Francamente non credo che la questione sia la stessa, per me e lei. Anche io avevo accumulato una decade di ritardo diagnostico, ma qui la situazione è opposta. La mia malattia non si vede e quindi i medici mi dicevano che non avevo niente. La sua malattia si vede eccome. Si vede benissimo. Immagino sul suo piccolo corpo, a otto anni, a dieci anni, quanto si vedesse bene. E poi io la conosco della gente con gli eczemi. Mia cugina ci è nata con gli eczemi. E l'ha saputo subito che erano eczemi. E mia cugina non è mica cresciuta avvolta da garze intinte nel mercurio, con ferite purulente e dolori lancinanti.

Forse stavamo pensando alla stessa cosa, non a mia cugina, ma agli altri bambini e alle altre persone con eczemi, perché lei me la dice, la questione.

"La questione è che la mia pelle è nera e i medici bianchi non lo sanno come si mostrano le malattie sulla pelle nera. Un eczema su un bambino bianco non è uguale a un eczema su un bambino nero."

Ha il cellulare poggiato sulla coscia, lo prende, lo sblocca con un pin e inizia a cercare qualcosa, scorrendo con le dita. Mi fa cenno di aspettare, e io aspetto. Ci mette poco, un paio di minuti, e poi mi mostra una foto. È la foto di un eczema sulla pelle bianca. Lo riconosco, mia cugina ce l'aveva sul braccino e sulla manina. Poi si riprende il telefono e mi mostra una foto di un eczema sulla pelle nera. È diverso. Non è rosso, come quello di mia cugina, non è nemmeno rosato, è una grande chiazza scura, più scura della pelle su cui è cresciuto. È come se fosse iperpigmentato, anche se in alcune parti è biancastro, dove ci sono dei segni, come se in quei punti la persona nella foto si fosse grattata fino a scorticarsi. Glielo chiedo. "È così," mi dice lei. "I medici non lo sanno perché non l'hanno studiato e non l'hanno studiato perché sui libri europei, sui libri occidentali, non ci sono immagini di persone con pelle nera, ma solo di persone con pelle bianca. Queste foto qui le ho prese da un sito web che si chiama Brown Skin Matters. Tieni, prendi, guarda." Io inizio a scorrere la galleria. A monte di tutte le immagini c'è scritto "Addressing the lack of reference photos of dermatological conditions on skin of color" ("Affrontiamo l'assenza di immagini di riferimento di malattie dermatologiche sulla pelle non bianca"). Mi mostra varie foto. Mi fa vedere la scarlattina, la psoriasi, la rosacea, l'orticaria, la sindrome di Raynaud. Quasi ogni immagine è messa a confronto con il suo equivalente sulla pelle bianca. La differenza è abissale, in certi casi. La foto che mi colpisce di più, forse, è quella della scarlattina. Su di me, quando l'ho avuta, erano tante macchie rosse, sulla pelle nera di queste foto sono tanti puntini in rilievo. Come quando hai i brividi. Me lo immagino già il medico che dice alla madre del bambino: "Signora, ma è solo pelle d'oca!". Fatto sta che questa cosa mi sconvolge, è una questione su cui non mi sono mai interrogata. L'invisibilità che non è bianca. L'invisibilità nera. Penso che lei legga lo sconcerto stampato tra le pieghe della mia fronte perché riprende il telefono e ricomincia a parlare.

"Non pensare che la mia sia un'eccezione, che sia sfortuna o altro. Queste foto le vedi qui, ma sui libri di medicina non le vedi. L'hai mai visto un libro di medicina?

L'hai mai sfogliato? I corpi rappresentati sono quasi solo bianchi. Ci sono quasi solo foto di malattie sulle persone bianche. Perfino su quelli di dermatologia. Perfino su quelli di malattie cardiovascolari. Perfino sui libri di pediatria. Queste foto che vedi sono testimonianze dal basso, testimonianze della comunità non bianca che cerca di creare un archivio di riferimento, visto che nella scienza non esiste. La vuoi sapere una cosa? Sai come mi sono resa conto di tutto questo? Vuoi sapere come mi sono resa conto che il motivo della mia mancata diagnosi, e quindi della mia mancata cura, fosse l'invisibilizzazione dei corpi neri nella medicina? Me ne sono resa conto per via di una foto di una ragazza su Internet che, raccontando di un episodio in cui suo padre non respirava, ha mostrato una fotografia delle sue unghie. Non so se sai che in ospedale per verificare se ti manca il respiro ti controllano le unghie, perché se non respiri diventano bluastre, così come le tue labbra. La questione è che questo vale se sei bianco, se sei nero non succede. Se sei nero non è così che capisci se una persona non respira, bisogna guardare le guance, sono quelle a diventare più pallide. I medici dell'ospedale non lo sapevano e hanno mandato via la ragazza e suo padre accusandoli di mentire. Nel mio caso nessuno mi accusava di mentire, perché la mia malattia era ben visibile, ma mi è stato detto più volte che non era niente o, in alternativa, che non avevano idea di cosa fosse. Eppure, la dermatite atopica colpisce il venti per cento dei bambini e l'otto per cento degli adulti. Praticamente tutti diagnosticati. Diagnosticati perché bianchi."

Di nuovo si interrompe. Mi viene in mente una frase di Primo Moroni: "Condividere saperi senza fondare poteri". Ammetto di aver pensato che la medicina non fosse un luogo neutro. Ammetto di averlo pensato dopo undici anni di ritardo diagnostico per una malattia che colpisce tre milioni di donne e che ancora non si è in grado di diagnosticare; ammetto di aver pensato che se invece avesse colpito tre milioni di uomini una soluzione si sarebbe già trovata, e ammetto anche di aver fatto un paragone con il problema della disfunzione erettile, che colpisce gli uomini, e per cui si è sintetizzata la pillolina blu nel 1989. Ammetto di aver pensato che ci fosse un problema di genere nella medicina, ma mai ho pensato che ci fosse un problema di razzializzazione. La scienza è distorta dalla sola attenzione ai corpi androgeni, ma è distorta anche dalla sola attenzione ai corpi bianchi. Questo non è forse un dislivello di accesso alla salute? E quindi un dislivello di centralità, un dislivello di importanza deciso a monte? Non è forse questo un modo per dire che ci sono corpi che contano più di altri? Un esercizio di potere?

Lei ritorna a guardarmi.

"La scienza è stata prodotta da un luogo specifico: il corpo bianco, che non è né un luogo neutrale, né universale. Qualsiasi ricerca non ricalchi quest'ordine di cose è stata sistematicamente considerata inaffidabile, personale, soggettiva, errata. Anche i libri orientali hanno immagini di uomini bianchi. I medici neri, formati sui libri pieni di immagini bianche, non riconoscono le malattie sulla loro stessa pelle. La scienza non è la fotografia della realtà, è la riproduzione di rapporti di potere, che definiscono cosa è centrale e cosa è vero, cancellando tutto il resto, mantenendolo al margine. Capisci cosa intendo?"

Le sue parole assumono nella mia mente una posizione molto netta, non solo sulla dominanza del corpo e della medicina bianca, ma anche sulla marginalità del corpo nero elaborata e applicata perfino dalla medicina. Dico "elaborata" perché dietro un libro di scienza, apparentemente neutro, si nasconde un rapporto di dominio di alcuni corpi su altri (che è l'esatto opposto di ciò che la medicina si propone di fare); e dico "applicata" perché il risultato è che la malattia sul corpo nero viene vista come una distorsione della malattia sul corpo bianco e così la scienza, che vuole garantire uguaglianza, produce discriminazione da sempre, impunita, perché il razzismo si è trasformato in teoria scientifica e questa teoria scientifica, a sua volta, continua a diffondere iniquità.

"Qui non si tratta semplicemente di corpi che contano più di altri. Si tratta di un apparato costruito su questo presupposto e mai ridimensionato. Si tratta, in verità, di fingere e di continuare a fingere che la scienza sia uno spazio neutro, un solo spazio di conoscenza, mentre per alcuni corpi è uno spazio di violenza. Una violenza che produce quotidianamente discriminazione ed esclusione, esclusione perfino da quell'unico diritto che unanimemente viene riconosciuto: la salute. Sono arrivata alla conclusione che la medicina bianca di oggi sia convinta di essere universalmente valida, di essere oggettiva e si rifugi dietro questa convinzione per evitare di interrogarsi su tutto ciò che si allontana da lei, dalle immagini che non la rappresentano, scegliendo così di ignorare che tutto ciò che la compone non è neutrale, ma solo dominante."

Credo che "dominante" sia la parola chiave su cui riflettere. Non si può vedere l'oppressione solo in termini di sesso e ignorare i suoi risvolti transculturali. Non si può capire il concetto di dominio senza prendere in considerazione l'altra faccia che lo compone: il privilegio. Il privilegio della bianchezza, in questo caso, che in questo momento, per la prima volta, vorrei potermi scollare di dosso. Mentre le sue parole si sedimentano nella mia consapevolezza mi appare quanto mai chiara la necessità di darsi una spiegazione politica della violenza subita. Qui non si tratta solo di comprendere come e quanto la violenza possa essere sistemica o sistematica, qui si tratta di comprendere come ogni singola esperienza abbia un valore universale e sia il riflesso di un meccanismo e di una struttura più ampia. Il mio corpo, e il suo più del mio, sono terreno politico nel momento in cui sul mio corpo e sul suo corpo e sul tuo corpo si riproducono quelle dinamiche di potere tutt'altro che esclusive o casuali. Qui si tratta di comprendere che le dinamiche di potere, seppur in modo diverso, si riproducono sui corpi di ognuno di noi e che, nella maggior parte dei casi, ne siamo totalmente ignari.

Una folata di vento bollente mi interrompe, ed evidentemente interrompe anche lei nel suo flusso di pensieri, perché rapidamente si scrolla via i capelli lunghi dalle spalle, li avvolge attorno a un elastico in modo casuale e si alza in piedi guardando fissa davanti a sé. Io continuo a osservarla mentre si muove fino a che non la vedo individuare qualcuno tra la folla. Tra tutte le persone che ci circondano, lei guarda sorridendo una donna bionda che ci si avvicina. Le due si stringono la mano in modo caloroso. "Ciao," si dicono. "Ciao," mi dice mentre si alliscia la gonna rossa, e poi, mentre si guarda attorno attenta per un'ultima volta, mi saluta dicendomi chiara: "La conoscenza è di colore bianco".

Un po' di dati

Allo stato dei fatti, le immagini rappresentanti persone bianche sui libri di medicina superano di gran lunga le immagini rappresentanti persone nere. Lo stesso squilibrio si ritrova anche nelle risorse e nelle pubblicazioni online. Gli studi che dimostrano quanto detto sono innumerevoli. Patricia Louie e Rima Wilkes scrivono in un autorevole studio del 2018 che le diseguaglianze razziali nelle prestazioni delle cure sanitarie potrebbero avere alla loro base anche e proprio l'istruzione e il modo in cui essa viene veicolata. Le ricercatrici hanno analizzato 4416 immagini provenienti da testi di medicina e hanno mostrato una netta minoranza delle immagini rappresentanti corpi neri, raffigurati solo nel 4,5% delle immagini. Due anni prima, nel 2016, la stessa indagine è stata svolta da un team di diversi studiosi guidati da Glenna Martin che, revisionando migliaia di immagini di libri di testo medici destinati a specializzandi dell'Università di Washington, hanno trovato quanto segue: delle 4033 immagini che potevano essere codificate per sesso, il 60,5% (2438) era maschile e il 39,6% (1595) femminile, mentre delle 5230 immagini che potevano essere codificate per etnia, il 78,4% (4100) era di persone bianche e solo il 21,6% (1130) di persone nere. Di conseguenza, le immagini raffiguranti uomini bianchi erano largamente predominanti. Ancora, nel 2019, una ricerca condotta da diversi medici e studiosi ha mostrato come, nonostante il 60-70% della popolazione mondiale e il 30% dei pazienti di chirurgia estetica (negli Usa) non siano di pelle bianca, le immagini presenti nella letteratura di chirurgia plastica non riflettono né la demografia etnica delle diverse regioni globali, né la popolazione di pazienti sottoposti a interventi chirurgici. Su 24.209 fotografie a colori e 1671 grafici a colori analizzati, nelle riviste di chirurgia plastica il 78% delle fotografie ritraeva persone di pelle bianca. Allo stesso tempo, il numero medio di fotografie con persone bianche per articolo era di 5,4, contro l'1,6 con pelle non bianca.

Fonti

Louie, P., Wilkes, R., *Representations of race and skin tone in medical textbook imagery*, "Social Science & Medicine", vol. 202, aprile 2018, pp. 38-42.

Martin, G.C., Kirgis, J., Sid, E., Sabin, J.A., *Equitable Imagery in the Preclinical Medical School Curriculum: Findings From One Medical School*, "Academic Medicine", luglio 2016.

Massie, J.P., Cho, D.Y., Kneib, C.J., Burns, J.R., Crowe, C.S., Lane, M., Shakir, A., Sobol, D.L., Sabin, J., Sousa, J.D., Rodriguez, E.D., Satterwhite, T., Morrison, S.D., *Patient Representation in Medical Literature: Are We Appropriately Depicting Diversity?*, "Plastic and Reconstructive Surgery. Global Open", 26 dicembre 2019.

Il migliore dei mondi possibili

Sono circondata da menti a cui tutto appare chiaro e a cui ogni singolo tassello del mondo appare in ordine. Il mondo è stato decifrato attraverso due semplici categorie: il bene contro il male. Scrivo questo nella consapevolezza che, nella società del bene, ogni complessità è tacciata di menzogna. Scrivo questo prendendo atto del fatto che c'è un automatismo per cui ogni sfumatura, asimmetria, ambiguità o interrogativo immediatamente perdono di senso in una realtà dove il pensiero dicotomico divide in due i cervelli. Bene contro male. Questi schemi sono duri e permanenti e ogni evento e ogni persona vi rientra: tutto il mondo ne è investito perché la dicotomia occidentale non conosce confini, ma ne traccia alcuni molto netti.

È in questa imprescindibile divisione tra bene e male che l'Occidente racconta se stesso come il migliore dei mondi possibili e ci sussurra che ogni passo al di fuori dei suoi confini artificiali e costruiti per proteggerci è un viaggio tra i barbari. Le nostre orecchie sono piene di racconti su tutti gli altri mondi, che teniamo ben lontani. Ogni storia o scelta oltre confine è selezionata e poi immediatamente catalogata come testimonianza di vergogna o inciviltà. Guardata da lontano. Perché così come la medicina è stata scritta da uomini bianchi per uomini bianchi, la storia è stata scritta da uomini occidentali per uomini occidentali.

Credo che sia il caso, a un certo punto della nostra vita, di cambiare le lenti attraverso cui guardiamo il mondo e di mettere in discussione la storia e la società così come ce le hanno raccontate. Credo sia il caso, a un certo punto della nostra vita, di iniziare ad ascoltare i testimoni di un mondo diviso a metà.

Sono davanti all'ambasciata iraniana mentre scrivo, sono le 18:30, c'è vento freddo e le luci del traffico mi illuminano con una cadenza regolare. C'è una manifestazione in corso. Cartelli, maschere, tessuti e voci chiedono libertà per un paese oppresso da decenni e un popolo vessato. Mi trovo qui per caso e, sempre per caso, ho incontrato una donna di cui, per sua sicurezza, non farò il nome. V., la chiamerò. V. come verità. La conversazione tra di noi e l'attenzione che mi sono concessa di dedicarle in un sistema totalmente monopolizzato dall'informazione occidentale ha cambiato per me totalmente la prospettiva con cui guardare il mondo. Non farò altro, nelle pagine che seguiranno, che riportare la voce di questa donna perché, come ho promesso alla fine della nostra conversazione, "we can be your voice".

V. ha trentatré anni, è di Kerman, nel sud dell'Iran. È nata da una famiglia musulmana e, per imposizione, è cresciuta musulmana a sua volta. Ha due sorelle. I suoi genitori sono divorziati. Quando è nata, al potere c'era Rafsanjani, mentre cresceva c'era Khatami, poi Ahmadinejad, poi Rouhani e ora Raisi. La Guida Suprema, da quando è al mondo, è sempre stata Ali Khamenei. Non è mai riuscita a vedere le differenze tra di loro, tra coloro che regnano.

Lei racconta, io ascolto. "Questa è solo la mia storia," mi dice.

Avevo sei anni, indossavo già il velo. Appena entravamo a scuola ci controllavano le unghie, dovevano essere corte e senza smalto. Non dovevamo avere colori o cose che attirassero particolarmente l'attenzione. Un giorno indossai una molletta tra i capelli, la maestra me la ruppe con forza sulla testa. "No!" mi urlò. "Non devi attirare l'attenzione!" A scuola andavo a piedi, anche se era lontano, perché la bici non potevo usarla. Alle donne adulte non è concesso andare in moto o pedalare, e neanche alle ragazze. Se ridevo venivo giudicata, se cantavo venivo punita, se ballavo venivo punita. Ci valutavano ogni giorno, a scuola. Essere irrispettose voleva dire essere espulse. Spesso è toccato a me. Dicevano che ero troppo sfacciata. Ricordo che una volta ospitammo in classe un mullah, lui ci raccontava delle imposizioni religiose che dovevamo osservare in quanto donne e avviò così un interminabile discorso sul divieto femminile di entrare nelle moschee durante le mestruazioni. Ci disse che eravamo "sporche" durante le mestruazioni e che non potevamo pregare insieme a tutte le altre donne, ma dovevamo metterci invece sul fondo della stanza. Era necessario, disse, per non contagiare l'ambiente con la nostra impurità. Io risi e mi azzardai a rispondergli, litigammo, perfino. Io e le mie amiche, finita la lezione, gli rubammo le scarpe che si era tolto per pregare. Una finì nel gabinetto e l'altra nella spazzatura. Fui accusata io per tutto il trambusto che ne conseguì. Chiamarono mia madre per espellermi, ma lei era più furiosa di me per tutto quello a cui ci sottoponevano: "Nulla di tutto questo ha a che fare con Dio e con la religione," diceva, "è solo una questione di potere".

Crescendo ho cominciato a lavorare molto presto, i miei genitori hanno divorziato, mio padre era un uomo estremamente tradizionale. Al momento della separazione mia madre non aveva un lavoro e noi in casa eravamo quattro: io, lei e le mie due sorelle. Ho dovuto ingegnarmi per guadagnare qualcosa. Ho lavorato per un'azienda che produceva dolci, facendo la spola tra due città, e poi, a vent'anni, ho aperto un'agenzia di viaggi indipendente insieme a un mio amico. Eravamo sia tour operator sia guida turistica. Era molto bello, ti sarebbe piaciuto. Avevamo creato tutto da zero e trovavamo i turisti tramite il nostro sito internet. Il nostro business è cresciuto tantissimo in pochissimo tempo e così diverse persone affiliate al governo interessate al settore hanno iniziato a minacciarmi di farmi fuori. Il loro business era atroce e senza controllo. Accedevano ad aree protette senza consenso, distruggevano l'ecosistema per soldi, vendevano perfino pezzi di terra che non gli appartenevano. Il nostro modo di agire era completamente diverso. Io portavo i turisti a casa dei locali, delle persone della nostra terra. Nessuno alloggiava in albergo. Volevo che i turisti e gli iraniani si incontrassero, volevo che stringessero un legame. Volevo trovare un modo per aprire il nostro paese, far sì che le persone avessero una finestra sul mondo esterno. Se sei iraniano è quasi impossibile uscire dall'Iran. I visti non ci vengono concessi quasi mai, e mentre noi non possiamo viaggiare, nulla di esterno viene lasciato entrare: film, libri, canzoni, è tutto censurato. Quando ho iniziato a lavorare come guida mi sono resa conto che la popolazione non aveva idea che esistesse un'altra possibilità oltre le mura che il governo ci aveva costruito attorno. Ricordo che all'inizio, quando portavo i turisti nelle case iraniane, nei villaggi, tra le due culture si creava immediatamente una divisione così netta che mi sembrava invalicabile. Ricordo che i mariti chiedevano alle donne di restare in cucina a preparare i pasti per gli ospiti e loro stesse. Le donne non avevano nessuna voglia di uscire dai loro spazi. Non uscivano. Mai. Nemmeno per un saluto, nemmeno per accettare i ringraziamenti dei turisti. Dopo meno di un anno la situazione era cambiata tantissimo. L'incontro fra le culture funzionò. Le donne non solo iniziarono a chiacchierare con i turisti, stringere loro le mani senza problemi e farsi fotografare insieme, ma cominciarono anche a vestirsi in modo colorato, con abiti pieni di fantasie floreali e allegre. Vedere questo cambiamento mi appassionò tantissimo, mi rendeva viva. Le mie zie mi chiedevano di raggiungerle in Germania, di andare a vivere con loro, per essere libera, per studiare, guadagnare, io però volevo rimanere in Iran per contribuire al cambiamento, per guardare il mio popolo iniziare a capire che esisteva altro oltre quello che il regime ci raccontava, per far sì che il mio paese conoscesse un'altra verità. Ma la realtà è che era tutto estremamente complesso. Il potere venne a sapere di quello che stavo facendo e a ogni mio passo avanti mi trascinava dieci passi indietro. Per un anno mi tolsero la tessera di guida turistica insinuando che tra me e il mio collega ci fosse una relazione non dichiarata. Non riuscirono a dimostrare niente e quindi iniziarono a pedinarmi perché nel deserto non obbligavo le turiste a indossare il velo e io stessa non lo portavo. Anche questo è illegale in Iran, la pena è l'arresto. Posso dire di essere stata molto fortunata, non sono mai stata presa. Il governo però sapeva e aspettava solo il momento giusto per togliermi di mezzo. Le persone della mia città, d'altro canto, erano tranquille. A differenza di Teheran, da noi vigeva la tacita regola di farsi i fatti propri. Di pattuglia, d'altronde, dalle mie parti, ne girava solo una. Solo una volta mi capitò di incrociare un uomo che, vedendomi senza velo, mi afferrò per picchiarmi. Fui aiutata da due ragazzi che lo bloccarono per pettermi di scappare. Ricordo che mi urlarono forte di mettermi il velo per proteggermi. Ma io non volevo. Non volevo, non ho mai voluto. A un certo punto, quando riuscii a recuperare la mia attività turistica, iniziò a chiamarmi ripetutamente un numero anonimo. In Iran sappiamo da tempo che quando un numero anonimo chiama si tratta di loro, del governo, della Polizia di Sicurezza. Mia mamma fu costretta a dar loro il mio numero di cellulare e quando mi telefonarono non mi lasciarono parlare, imponendomi di dir loro dove mi trovassi in quel momento esatto. Riferii il vicolo in cui mi trovavo, d'altronde non avevo altra scelta, e mi imposero di rimanere immobile, di non muovermi. Feci come mi ordinarono e mi raggiunsero dopo poco. Mi diedero una lettera sigillata e mi dissero di non aprirla finché non si fossero allontanati. Sulla lettera c'era un indirizzo. Non si trattava dell'indirizzo di un ufficio di polizia, ma dell'indirizzo di una casa. C'era scritto di recarmi in quella abitazione privata pochi giorni dopo alle ore 19. Mia madre fu presa dal panico, non raramente succedeva che le persone venissero contattate così dalla Polizia di Sicurezza e che, una volta andate agli appuntamenti, sparissero per sempre. D'altronde non presentarsi come richiesto significava andare incontro all'arresto certo. Quando arrivò il giorno dell'appuntamento presi una pasticca per il cuore tanto era il terrore che avevo. Mia madre, più tesa di me, mi accompagnò al luogo dell'incontro. La bloccarono e le impedirono di entrare. Avevo paura. Non c'erano telecamere che potessero testimoniare la mia presenza lì. Non un registro con la mia firma. Nessun testimone. Solo una casa in un vicolo. Quando entrai mi fecero sedere senza mai staccare lo sguardo dal mio viso e dal mio corpo. Erano in due. Iniziarono a farmi delle domande. La prima cosa che mi chiesero fu perché ospitassi delle persone straniere in casa mia. Le loro domande erano precise, chirurgiche. Dai toni che avevano e dalle informazioni che cercavano era chiaro che tentavano di capire se supportassi un sistema di infiltrazione in Iran. Se fossi una spia. Se a mia volta offrissi asilo a delle spie. Cercavano di capire perché una donna avrebbe dovuto ospitare uomini sconosciuti in casa propria. "Che donna è, tua madre, che ti permette di fare una cosa del genere?" Le domande erano veloci, incalzanti, prepotenti. Avevo paura di pronunciare parole sbagliate, di destare sospetti, non avevo il tempo materiale per riflettere tra una domanda e quella successiva. Cercarono di obbligarmi a rivelare chi altro, oltre me, ospitasse stranieri in casa propria. L'interrogatorio durò più di tre ore. Io rimasi lì, ferma, a fingere di non capire cosa volessero. Mentre parlavano tra loro si passavano tra le mani una cartellina nera, dentro c'erano i miei tabulati telefonici, i miei dati personali, delle mie fotografie. Non si trattava di fotografie ufficiali, ma di foto scattate in momenti intimi, privati, momenti con i miei amici, feste, gite. Alcune foto erano vecchissime, di sette o anche dieci anni prima. Mi assalì il panico per quelle immagini. Non capivo come potessero averle. Immaginavo che ogni istante della mia vita fosse sorvegliato. "Noi sappiamo tutto." "Noi siamo ovunque." È il modo in cui ti terrorizzano, il modo in cui ti piegano al loro potere. La paura. Tempo dopo scoprii che quelle foto erano prese da Internet, Facebook, si trattava di foto relativamente pubbliche, ma la sensazione di essere sorvegliata in ogni mio gesto, quella non se n'è mai andata. Loro, d'altronde, continuavano a chiamarmi in continuazione e a portarmi in appartamenti privati per sottopormi a interrogatori periodici, sempre più umilianti, sempre più frustranti, con l'unico scopo di annientarmi. Non dirò che non ci riuscissero. Annientata è esattamente il modo in cui mi sentivo. Questa situazione è durata anni, ricordo il terrore a ogni squillo telefonico, la paura durante ogni giro turistico, ricordo che vomitavo spesso a casa, nel deserto, per strada. Mi avevano succhiato via la vita e ora provavano a prendersi anche ciò che rimaneva della mia speranza. Mi osservavano, sempre. Mi braccavano, sempre. Passavo le giornate a temere per la mia vita e per quella delle persone a cui volevo bene e in continuazione, senza sosta, pensavo a tutti quegli uomini e quelle donne rinchiusi nelle carceri di stato per gesti qualsiasi che il governo aveva definito criminosi. Avrei dovuto essere arrestata decine di volte per il modo in cui mi comportavo, eppure ero ancora libera. Per quanto libere si possa essere oggi in Iran. Continuavo a pensare, incessantemente, a come quegli eterni interrogatori e quella perenne sensazione di sorveglianza mi avevano cambiata per sempre. E come potevo allora non pensare a loro, agli altri, che nelle loro piccolissime celle non sarebbero mai più state le stesse persone di quando, in quelle celle, erano stati rinchiusi. Pensavo a persone che conoscevo una volta, che sono in carcere da anni. Pensavo ai loro racconti e ai racconti di chi è uscito. Una donna che conosco ha condiviso la cella con una prigioniera politica per alcune settimane. Ogni giorno veniva interrogata e spinta a parlare da frustate con cavi metallici. Le impedivano di andare in bagno. Di lavarsi. Di riposare. Tutto quello che voleva era dormire, mi raccontò, ma nella cella non c'era spazio. Erano in dieci in pochissimi metri quadrati, spesso circondate dai loro escrementi o dalla loro urina e non avevano lo spazio per distendersi. Facevano a turni, alcune dormivano sotto il letto, altre restavano in piedi tutta la notte cercando di appoggiarsi al muro. In alcuni casi dormivano ammucchiate, una sopra l'altra, come bestie da macello.

Temevo per la mia vita e per quella di chi mi circondava e temevo che, asfissiata dalla paura, di me non sarebbe rimasto più niente.

Nel 2009 in Iran scoppiarono alcune proteste per la rielezione di Ahmadinejad, che molti pensavano non avesse ottenuto la maggioranza elettorale e che, tuttavia, era di nuovo al potere. Vennero chiamate "il movimento verde". Era un movimento di protesta prevalentemente politico. "Dov'è il mio voto?" urlavamo per le strade. La corruzione era dilagante, pretendevamo la democrazia che ci spettava, pretendevamo di essere ascoltati come popolo, come persone. Le proteste non funzionarono perché Ahmadinejad rimase al potere per altri quattro anni e nel frattempo la povertà cresceva. A partire dal 2016 iniziammo a protestare per le condizioni economiche in cui versava il paese. Nel 2019 esplodemmo. Devi immaginare che la povertà era dilagante, al pari di un'epidemia, in alcune zone del paese la fame era letale come un genocidio. Diverse famiglie che conosco furono costrette a condividere la propria casa per riuscire ad avere un tetto sulla testa, inizialmente vivevano in tre o quattro in un appartamento, poi man mano diventavano sette, otto, dieci, dodici in una sola stanza senza acqua né bagno. La popolazione era raddoppiata negli ultimi venticinque anni, c'era sempre più gente, e sempre più povera. Le persone si riversavano nelle strade della capitale per protestare, molte furono uccise, tantissime furono imprigionate. Le prigioni si riempirono fino a scoppiare in pochissimo tempo e quindi il regime iniziò a costruirne di nuove, ma nemmeno quelle erano sufficienti a contenere tutti i cittadini che etichettavano come criminali e quindi anche i bagni delle stesse carceri e gli appartamenti iniziarono a essere convertiti in celle. Ci imprigionavano per punirci, per costringerci a diventare spie del regime, ma anche per tagliare i legami della rivoluzione, per fermare il potere che la collettività stava guadagnando.

Il nostro coraggio, forse, nasceva dalla disperazione. La classe media scivolava lentamente nella povertà andando ad allargare quella fetta di popolazione che non sapeva come vivere. Di giorno accendevamo le strade con la nostra voce e di notte c'era chi per poter mangiare era costretto a frugare nella spazzatura che i ricchi buttavano dalla finestra. Non eravamo mendicanti, eravamo poveri. Ci avevano tolto tutto e noi volevamo vivere. La repressione era durissima.

Capitava che ti uccidessero e addebitassero alla tua famiglia i soldi dei proiettili per consentirle di riavere indietro il tuo corpo. Novembre del 2019 fu un mese di sangue. Le forze dell'ordine e le milizie paramilitari Basij iniziarono a sparare ad altezza uomo sulla folla. Il governo interruppe le comunicazioni del paese per non far sapere cosa stava succedendo all'interno dei confini. Fu una mattanza. Una strage di cui non potremo mai avere i numeri reali perché secretati tra le mura del regime e perché le stesse famiglie, minacciate dal governo, non denunciarono l'assassinio dei propri figli. Non c'erano medicine, non c'era acqua. Ogni volta che uscivamo di casa il cibo costava il doppio di qualche ora prima, la benzina il triplo. L'inflazione era impazzita. Il governo continuava ad arricchirsi senza fare nulla. I ricchi diventavano sempre più ricchi acquistando beni che nessuno poteva permettersi e rivendendoli a un prezzo dieci volte maggiore poco dopo, mentre la gente era sempre più povera. Alcune persone abitavano sui tetti delle case altrui, l'unico spazio di cui si potevano permettere l'affitto e l'unico posto dove potevamo dormire per non restare in strada di notte. Lo stipendio medio mensile era, se ora dovessi stimarlo, di 100 euro circa, ancora meno se lavoravi nel privato. Nessuna delle persone che avrebbe voluto fuggire dalla povertà aveva abbastanza soldi per potersi permettere di vivere altrove o anche solo per spostarsi. E questo vale tutt'ora. La maggior parte della popolazione, se anche riuscisse a trovare il modo di espatriare, non avrebbe abbastanza soldi per potersi permettere il viaggio o la vita al di fuori dell'Iran. Siamo stati isolati dal resto del mondo. La nostra moneta non vale niente. L'immagine di una possibile liberazione mi perseguita come quella di vivere in un gigantesco carcere senza via d'uscita. Una frase che ripetiamo spesso è che la nostra lotta è anche una lotta della memoria contro l'oblio e per far sì che ciò accada bisogna essere innanzitutto consapevoli del proprio ruolo nella storia. Io non credo che il popolo occidentale lo sia, non credo che sia consapevole del ruolo che i suoi vertici hanno giocato nell'oppressione del mio popolo.

Dopo la Seconda guerra mondiale in Iran c'era ancora la monarchia e al potere, a governare il paese, c'era la dinastia dei Pahlavi. Inghilterra, Francia, Russia e Stati Uniti si contendevano il territorio iraniano. Per lo più non stiamo parlando di occupazione di fatto, stiamo parlando di accaparrarsi i diritti di sfruttamento del territorio. Più gli anni passavano, più l'Occidente aveva pretese sul territorio iraniano. Volevano una posizione strategica per i loro affari internazionali, ma soprattutto volevano il petrolio. All'inizio degli anni cinquanta non avevamo praticamente più nulla. Le concessioni all'Occidente erano totalizzanti, le estrazioni petrolifere perenni. Vi avevamo dato tutto ciò con cui il nostro territorio ci ha fatto nascere e ogni tentativo di riprendercelo, ogni tentativo di nazionalizzare l'industria petrolifera, veniva osteggiato dai poteri occidentali con embarghi. Se provavamo a riprenderci qualcosa, voi ci toglievate tutto il resto. L'Occidente aveva trasformato il territorio iraniano in una sua riserva personale e non aveva alcuna intenzione di dividere con noi le ricchezze che ne ricavava. Le persone che vivevano vicino ai giacimenti petroliferi erano trattate come carichi residuali, erbacce da estirpare. Per il territorio non c'era alcuna cura. Man mano che passava il tempo il popolo pativa e il re era sempre più ricco nonché sempre più vicino all'Occidente, tanto da iniziare a tentare di trasformare la nostra terra in un'imitazione degli Stati Uniti. Così obbligò le donne a togliere il velo e a indossare abiti occidentali per avvicinare l'Iran a quella che l'Occidente considerava modernità, tentando di emulare parte delle ideologie occidentali sulla "libertà". Ma l'obbligo di indossare il velo e quello di non indossarlo hanno la stessa identica matrice coercitiva che, per sua stessa natura, non ha niente a che fare con la libertà e il libero arbitrio, unici veri marchi di uno stato moderno. Molte donne si resero conto che cambiare le forme di controllo non ha niente a che fare con uno stato di diritto, e iniziarono a protestare. Nel frattempo, per via della totale assenza di una autonomia economica causata dalle pretese dell'Occidente, il paese era sempre più povero. Ogni dissidente veniva imprigionato. Molti venivano uccisi. Più gli anni passavano, più il paese era allo stremo. Negli anni cinquanta Mossadeq divenne primo ministro e avviò un processo di nazionalizzazione del petrolio, così come la popolazione voleva. L'obiettivo era tornare ad avere il controllo delle nostre ricchezze. L'Occidente però non lo permise. Inghilterra e Stati Uniti avviarono un'operazione segreta (l'operazione Ajax) per ribaltare il governo di Mossadeq. Lui venne arrestato e condannato a una vita di reclusione. Nel 1979 il popolo esplose, totalmente schiacciato dall'egemonia occidentale e dalla subordinazione dello scià. Volevamo la democrazia, volevamo il diritto di beneficiare delle ricchezze del nostro territorio, volevamo il diritto di manifestare dissenso senza essere imprigionati, picchiati, uccisi, e volevamo il diritto, come stato, di sottrarci al predominio occidentale. La popolazione era in fiamme, il re e l'Occidente ci avevano tolto tutto, tranne la rabbia. L'Occidente capì che la popolazione si sarebbe presto ribellata alla dinastia e iniziò a cercare un'alternativa allo scià nel terrore che il comunismo entrasse nel paese. Noi cominciammo a riversarci nelle strade. Tantissime persone morirono. Donne con e senza velo protestavano l'una di fianco all'altra nelle piazze. Le donne che scelsero di indossare l'hijab durante le proteste lo fecero per riappropriazione della propria libertà, esattamente come chi scelse di non farlo. Il velo divenne simbolo politico, segno di indipendenza ed elemento di opposizione all'imperialismo occidentale. Nulla di tutto questo aveva a che fare con la religione, tutto aveva a che fare con la libera scelta. Ciononostante, i media occidentali raccontavano noi donne iraniane come vassalle della religione per la nostra scelta di indossare l'hijab e scelsero di parlare di rivoluzione religiosa. Si iniziò a raccontare di noi come di un popolo succube dell'inciviltà, tanto da volerla restaurare. Si diffondevano immagini con didascalie che ci descrivevano come un popolo vittima di se stesso, un popolo incapace di convivere con la modernità, un popolo indolente, schiavo delle proprie credenze religiose. Noi, d'altro canto, avevamo pochissimi mezzi per raccontare la nostra versione della storia. La nostra versione sui media occidentali, autoproclamatisi detentori della verità assoluta, era molto rara e spesso partiva unicamente dal basso. Studenti e studentesse iraniane all'estero cercavano di portare le nostre testimonianze fuori dai confini. A volte ci riuscivano, ma era molto dura. Una cosa che ho imparato e su cui non ho più dubbi è che in una storia a più parti l'assenza stessa di una delle voci dovrebbe far sorgere qualche dubbio in chi ascolta. L'assenza stessa di una delle voci sarà sempre emblematica di un sistema di dominio in cui visioni e versioni lontane non sono considerate legittime. Ma, nell'arroganza globale, questo non è contemplato.

La rivoluzione continuò, ma non finì come la maggior parte di noi sperava. Il clero reazionario, che aveva assunto posizioni ancora più estremiste a seguito dell'egemonia occidentale, prese il potere. In pochissimo tempo il paese crollò su se stesso e le donne rimasero schiacciate sotto le macerie. Non avevamo libertà di scelta prima del '79 e non l'abbiamo oggi. L'Occidente, nel frattempo, dopo aver impedito che la storia dell'Iran e della società iraniana facesse il proprio corso interponendosi in continuazione e pilotando i ruoli di potere a proprio vantaggio, e dopo aver sfruttato l'Iran e averlo privato della sua autonomia economica a ogni (nostro) costo, ci ha inseriti tra i "paesi del male" nell'esatto momento in cui il nostro stato ha smesso di rispondere ai suoi ordini, rendendoci così (insieme al popolo afghano) testimonianza viva dell'oppressione. Qui non si tratta di vittimismo o di costruire un'ennesima categorizzazione, non si tratta di invertire le parti, di togliere maschere, non si tratta di dire: “Voi i cattivi, noi i buoni”. Qui si tratta di sviluppare la capacità di assumere uno sguardo “altro”, uno sguardo lontano dal suprematismo bianco e occidentale, uno sguardo in grado di analizzare le dicotomie che quotidianamente ci vengono fornite come chiavi di lettura e dissezionarle, per riuscire, finalmente, a guardare la storia indagando le responsabilità che l’hanno definita. Si tratta di capire, finalmente, che l’oppressione centenaria di cui siamo vittime non è il risultato della “nostra natura”, come raccontato dai media e perfino dai testi occidentali, né un errore storico casuale, ma è esattamente una colonna portante delle dinamiche di potere del nostro mondo. La vostra ricchezza è stata costruita sulla nostra povertà, il vostro consumo sul nostro sfruttamento. E questa storia, purtroppo, non è mai finita. Il motivo per cui ancora oggi, nonostante decenni di lotte sociali e morti, il mio popolo non riesce a mandare via il regime che ci tiene imprigionati è che questo viene ogni giorno legittimato per interessi economici a livello internazionale da quei medesimi paesi che si dicono promotori dei diritti umani e che, però, arrivano in Iran, luogo da cui ci è impedito uscire, per stringere forte la mano ai nostri vessatori mentre noi guardiamo attoniti. Come è successo con la Svezia, che ha recentemente iniziato a discutere con il regime iraniano per beneficiare di un incremento degli scambi commerciali; come succede negli studi televisivi occidentali, dove vengono invitati i vertici del regime iraniano come se fossero ospiti di grande levatura; come succede con i media di maggiore influenza mondiale, come la Cnn, che intervistano i nostri aguzzini per avere il loro punto di vista; come succede ogni volta che le donne di politica occidentali arrivano in Iran e senza batter ciglio obbediscono alle leggi di oppressione femminile parlando al mondo di "rispetto delle tradizioni", dimostrando non solo di ignorare la nostra storia e il nostro popolo, ma legittimando e normalizzando così una dittatura pur di portare a casa qualche accordo, esattamente come hanno fatto la prima ministra svedese o Karen Pierce, diplomatica britannica. "Perché non vi liberate del regime?" ci chiedete. "Perché non fate la rivoluzione?" insistete dai comodi divani di casa vostra. "Perché non reagite?" ci domandate mentre i vostri media passano il microfono ai nostri torturatori. E allora io vi dico che riusciremo a sovvertire la Repubblica Islamica quando il mondo smetterà di stringere le mani ai leader che portano avanti la dittatura e quando l'Occidente smetterà di trattarli come politici invece che come criminali. Le sanzioni che ci imponete colpiscono il popolo e non il regime, gli accordi che fate li fate a beneficio del governo, non della gente. Riusciremo a sovvertire il regime islamico quando questo verrà finalmente inserito nella lista dei terroristi internazionali e non in quella dei partner commerciali. Non vogliamo che ci salviate, vogliamo che smettiate di salvare il regime, perché non è necessario proteggerci, se viene protetta la democrazia.

Quando V. smette di parlare mi chiedo se guardandomi veda il volto di qualcosa di cui avere legittimamente paura, l'occidentalità impunita. Mi chiedo, mentre mi stringe la mano, come possa avere voglia di avermi al suo fianco se i privilegi dell'una si basano sull'oppressione dell'altra. E poi chiedo a lei, mentre mi mostra la realtà della differenza, come immagina una democrazia. "Lontana da una narrazione egemonica," mi risponde. Ma non smette. "Quando ho conosciuto mio marito, un italiano di cui mi sono innamorata, e dopo poco, nel 2020, ci siamo sposati, sono venuta a vivere in Italia. Per questo ora sono qui, fuori dall'ambasciata iraniana a protestare per il mio paese. Ecco, voi qui siete convinti di vivere in una democrazia, tronfi del fatto che i vostri media (e la vostra storia) paragonino la vostra realtà a quella di paesi come il mio, ma è un'illusione. Democrazia, per come la raccontate, è parità, libertà, uguaglianza tra persone. Spesso qui sono stata trattata come una criminale, senza alcun motivo. Al Festival del cinema di Roma entro per assistere alla proiezione di un documentario sul mio paese, *Persepolis*, e vengo bloccata all'ingresso da tre coppie di guardie che mi strappano via il foglio che avevo sullo zaino. "Donna, vita, libertà," c'era scritto. "Siete contro le donne, la vita o la libertà?" ho chiesto. Non sono stata degnata di uno sguardo, eppure chirurgicamente analizzata, violentemente allontanata, costretta a buttare nella spazzatura la mia testimonianza di oppressione davanti ai loro occhi. Alla mia domanda: "Perché?", mi è solo stato urlato: "Qui così non puoi stare". Come fossi una terrorista, come fossi subumana. La stessa cosa mi è successa più volte quando mi sono ritrovata a entrare in chiesa oppure con mia madre, mentre passeggiavamo sotto il Colosseo. Di nuovo mi succede ogni volta che prendo il microfono per parlare del mio paese, nelle università, nelle piazze, alle conferenze. C'è sempre qualcuno che ha la pretesa di conoscere il mio paese, la mia storia, la mia gente, la mia vita meglio di me.

Un luogo in cui solo le voci del potere vengono ascoltate non può dirsi altro che una democrazia di cristallo, empia, vuota.

Mi è chiaro, dalle sue parole, quanto sia pericoloso associare la solidarietà alla somiglianza, quanto la sua necessità di parlare sia molto più grande della nostra capacità di ascolto. Mi è chiaro come il sole che c'è un popolo che muore affinché noi possiamo parlare nelle nostre tv di quanto siamo civilizzati, e non si tratta di un errore di sistema, ma del modo in cui il sistema è stato volutamente costruito. Un popolo muore affinché noi possiamo ergerci a paladini ed esempi della libertà, una, dieci, cento e mille donne muoiono affinché noi possiamo fare lo scatto perfetto che verrà premiato, l'intervista perfetta prima della tragedia o subito dopo. Come ci posizioniamo nel flusso della storia, te lo sei mai chiesto? Qual è il nostro ruolo nel definire il percorso di quella storia che abbiamo negli anni chiamato "inevitabile" o connaturata a determinati luoghi del mondo, te lo sei mai domandato?

Sarebbe estremamente facile per me in questo momento romanticizzare queste righe, questo racconto. Sarebbe semplice scrivere di sevizie, torture, di una rabbia infuocata e di fenici che risorgono lentamente dalla cenere. Potrei riprendere qui e ora quegli schemi che ci hanno insegnato a riprodurre quando si parla di violenza o di povertà. Immagini di guerra o di rivoluzione proiettate in sequenza e organizzate con un sottofondo musicale lacerante. Il punto è che io credo, oggi, che questo sia parte del problema. Romanticizzare la violenza è parte del problema. Sfruttare la violenza per un nostro tornaconto personale è parte del problema. Alimentare lo sguardo ossessivo ma allo stesso tempo passivo della gente è parte del problema. Alimentare la curiosità morbosa senza alimentare un processo di consapevolezza e coscientizzazione su cosa abbia causato la violenza è parte del problema. La rabbia non va romanticizzata, va mostrata nuda, secca.

Nel momento in cui si nasce in una posizione di privilegio (qualsiasi essa sia), bisogna scegliere da che parte stare: bisogna scegliere se rimanere sulla sponda in cui siamo cresciuti dando seguito (coscientemente o no) alle pratiche di oppressione oppure se vogliamo uscire da quel lembo di terra privilegiato per praticare resistenza e opposizione e utilizzare il nostro privilegio per distruggere la sua stessa esistenza. Questa scelta è cruciale in un sistema di dominio basato sul potere. Potere maschile, bianco, occidentale. Siamo cresciuti convinti di essere plasmati dalla società e mai ci siamo interrogati sulla possibilità che fossimo noi a plasmare lei attraverso le nostre azioni mancate e i nostri silenzi conniventi.

E quindi eccoci qui, nel migliore dei mondi possibili, dove parole e pensieri sono liberi, ma ciò che li ha formati non ammette distorsioni: possiamo pur parlare, ma non avremo mai molto da dire in una società che ci ha convinti che qui stiamo tutti bene. Ed è questo, quindi, il filtro attraverso cui leggiamo ogni avvenimento, che sia storico o sociale. Rinchiusi in una gabbia di convinzioni su noi stessi, guardiamo a tutto il resto, certi che sia una deformazione dell'unica verità possibile. È così che tutto ciò che accade al di fuori dei nostri confini immaginari perde di valore, perché se il mondo si sostanzia in due sole categorie estreme e contrapposte, tutto il resto è alterità. Così il mondo, diviso da e per categorie, perde senso nell'unico punto in cui potrebbe riacquistarlo: lontano dagli estremi.

È così che ogni ruolo appare chiaro, a distruzione di ogni possibile complessità e ragionamento, perché c'è una sola immutabile verità in questo lato del mondo: noi siamo i difensori di ogni cosa. E non importa se non è vera. Non importa se abbiamo ucciso, mentito, invaso, stuprato o torturato, perché ci addormenteremo sempre col racconto che ci dice che siamo il migliore dei mondi possibili. Così ogni guerra oltre confine diventa troppo lontana per essere pianta, ogni uomo colpito lontano dalla nostra giurisdizione immaginaria non è un uomo vero, o un vero morto. È così che si arriva a parlare di guerre vere e guerre finte, due categorie, su ogni prima pagina, senza guardare ciò che avviene intorno a noi.

Un po' di dati

Non è possibile trovare dei numeri che riassumano il ruolo giocato dall'Occidente nella definizione del sistema mondo, così come non è possibile trovare dei numeri che ci avvicinino anche solo lontanamente alla comprensione del ruolo che storicamente e politicamente abbiamo giocato e continuiamo a giocare in tutto questo. I dati che qui scelgo di mostrare, però, sono lo specchio e l'esempio di cosa c'è oltre le nostre coste, e oltre i sicuri e artificiali confini che questa parte di mondo ha costruito. Tenuto conto che i dati veicolati dalla Repubblica islamica dell'Iran non sono da considerare attendibili, riporto di seguito i numeri raccolti dall'associazione non profit Iran Human Rights (Ihrngo), che da anni monitora il susseguirsi delle sistemiche violenze che avvengono all'interno dei confini iraniani.

7748 sono le esecuzioni eseguite dalla Repubblica iraniana negli ultimi quindici anni, dal 2008 al 2022. Nel 2015 si è raggiunto il picco di questi omicidi di stato, che in un solo anno sono stati 972. Al momento in cui scrivo, nel 2023, se ne contano già 668. Dal 2010, 203 sono le donne condannate alla pena di morte, 68 i minori condannati alla stessa sorte. La maggior parte delle esecuzioni compiute non viene annunciata ufficialmente ed è, formalmente, la conseguenza di accuse di omicidio, di reati connessi alla droga, di reati "contro Dio" (*moharebeh*) o di stupro. Impiccagione, lapidazione, fucilazione e crocifissione sono i metodi utilizzati per l'esecuzione della pena.

A dicembre del 2021, Ihrngo ha rilasciato un resoconto ufficiale delle oltre 100 persone che hanno attivamente difeso i diritti umani in Iran, specificando come la conseguenza cumulativa della loro pacifica lotta sia stata una condanna a 479 anni di prigione e 907 frustate. Si tratta di avvocati, giornalisti, insegnanti, attivisti per i diritti civili e i diritti delle donne, lavoratori, ambientalisti, rappresentanti di minoranze. Queste e altre persone, sottolinea il report, sono state arbitrariamente arrestate, private del diritto a un avvocato, e del diritto a un equo processo. Le condanne e le punizioni come le frustate sono state e tutt'ora sono accompagnate da prolungati periodi di isolamento, negazione di cure mediche, punizioni inflitte alle loro famiglie e altre forme di tortura fisica e psicologica, nonché esili in prigione con limitata possibilità di vedere i propri familiari. Vengono anche imposte pesanti multe e cauzioni elevate, divieti di esercitare la propria professione o la perdita del lavoro, esili post-sentenza e nuove accuse fabbricate come mezzi per esercitare ulteriore pressione su coloro che difendono i diritti umani della popolazione iraniana e non solo. Lo stesso report, pubblicato a dicembre dell'anno successivo, ha visto una tragica moltiplicazione dei numeri. Nel 2022 le persone notoriamente perseguitate per la loro attività di protezione dei diritti umani sono state 218. Sebbene la Repubblica islamica dell'Iran sia considerata uno degli stati più repressivi al mondo, il rapporto in questione mostra come la repressione mirata a seguito delle ultime proteste nazionali sia ormai, perfino per la Repubblica islamica, senza precedenti. Il direttore di Iran Human Rights, Mahmood Amiry-Moghaddam, in concomitanza con l'uscita del rapporto, ha dichiarato: "Sono trascorsi tre mesi dall'inizio delle proteste nazionali in Iran. Cambiare il sistema politico è la richiesta centrale delle proteste, ma le richieste di coloro che scendono in strada a rischio della propria vita sono ancora più ampie del cambio di sistema. Il popolo dell'Iran si è alzato per rivendicare tutti i diritti di cui milioni sono stati privati per decenni. Tutti i manifestanti che sono scesi in strada sono essi stessi difensori dei diritti umani secondo la definizione delle Nazioni Unite. I difensori dei diritti umani svolgono un ruolo importante nella rivoluzione 'Donna, Vita, Libertà'". Durante le ultime proteste, sottolinea il rapporto, molti attivisti sono stati prelevati illegalmente dalle loro case o dalle strade in protesta e sono stati arrestati "preventivamente". Un numero significativo di persone arrestate soffre di gravi malattie, cosa che non ha impedito alla Repubblica di procedere con la reclusione. Il famoso rapper Toomaj Salehi è stato accusato di reati punibili con la pena di morte per le sue canzoni di protesta. Diversi insegnanti sono stati arrestati o hanno subìto varie forme di ritorsione per aver rifiutato di fornire i nomi di studenti e alunni in protesta; molti avvocati sono stati perseguitati per la loro disponibilità a rappresentare manifestanti o attivisti.

I numeri, mentre io scrivo e tu leggi, continuano ad aumentare.

Fonti

Iran Human Rights (Ihrngo), https://iranhr.net/en/
Ihrngo, *Annual Report on the Death Penalty in Iran 2021*, aprile 2022.
Ihrngo, *Annual Report on the Death Penalty in Iran 2022*, aprile 2023.

Ihrngo, *Report: Human Rights Defenders in Iran 2021*, dicembre 2021.
Ihrngo, *Targeted Crackdown in Human Rights Defenders in 2022 Iran Nationwide Protests*, dicembre 2022.
Ulteriori fonti di approfondimento sono i documentari della regista iraniana Nahid Persson, in particolare: *Be My Voice* (2021), *My Stolen Revolution* (2013), *Prostitution: Behind the Veil* (2004).

Sudore e manganelli

Che cosa succederebbe se restituissimo la parola "libertà" alla sua dimensione collettiva? Che cosa succederebbe se, a un certo punto della storia, riuscissimo a demolire i confini tra una classe politica che decide e una popolazione su cui ogni decisione ha effetto? Come si arriva alla trasformazione dei bisogni in discorso pubblico?

Gennaio 2022: la contabilità funebre dello stato italiano è giornalmente alimentata. Omicidi di indifferenza. Omicidi di profitto. Omicidi di opportunità. Siamo noi, popolazione, al tempo stesso indispensabili per il sostentamento di un sistema tenuto in piedi dallo sfruttamento e sacrificabili perché considerati corpi adatti a essere piegati al sistema. Lorenzo Parelli è morto. In dozzine siamo a Torino per manifestare, per fare della rabbia e della resistenza un progetto democratico, per trasformare il pensiero collettivo in pensiero sociale, per renderci indelebili, in questa piazza, che non può più essere solo scenario architettonico, ma che deve oggi diventare luogo politico delle nostre rivendicazioni perché non c'è cambiamento senza verità e non c'è futuro senza memoria.

Mentre scrivo ho Torino alle spalle, Firenze sotto i piedi e Roma in prospettiva. Il sedile di fianco a me è vuoto, il riscaldamento è eccessivo da far sudare e non riesco a evitare di battere il tappo della penna sul tavolino che mi pende sulle gambe. Sono comoda, su questo treno, mentre torno da un giorno in cui ho visto del sangue rosso scuro colare dal cranio di un ragazzo che aveva la mia età. Ho comprato dei giornali prima di salire sul mio vagone e sedermi al 4D. Sono arrivata in anticipo nello scompartimento vuoto e ho ammassato tutta la mia roba sulla cappelliera. Mi sono seduta in fretta per aprire i giornali e leggere di noi. Sfoglio le pagine e leggo: "Scontri violenti con la polizia", "Scontri in piazza Arbarello".

La settimana scorsa, mentre io ero comoda sul mio divano, è morto un ragazzo di nome Lorenzo Parelli, aveva diciotto anni. È morto durante il suo ultimo giorno di tirocinio, ucciso da una trave d'acciaio di centocinquanta chili che lo ha schiacciato al suolo. Sul lavoro è il morto numero millequattrocentoventisei dell'ultimo anno. Le persone che sono ferite sono state cinquecentosessantaquattromilaottantanove. Più di mezzo milione. E poi un migliaio di morti. Sembrano i numeri di una guerra, invece è il lavoro in Italia. Comunque, Lorenzo Parelli non è rimasto ferito, è morto. È morto nella fabbrica in cui lavorava per l'alternanza scuola-lavoro, quella sorta di tirocinio in cui lavori e non ti pagano. Gli studenti sono mesi che se ne lamentano ma in effetti nessuno li ha mai ascoltati. "La gavetta", la chiamano, ma è sfruttamento e basta. Dovrebbero essere a scuola e invece sono in fabbrica. Il beneficio è solo per le imprese, il lavoro è usa e getta, così come gli studenti, plasticamente trasformati in lavoratori senza stipendio. "Gavetta" sono fotocopie, caffè da portare, documenti da scannerizzare, il tutto per 210, 150 o 90 ore a seconda della scuola frequentata. Scuola a cui vengono sottratte ore di lezione "per insegnare il mestiere", dicono. La verità è che ieri, di fianco a me, c'era una ragazza del liceo scientifico che è stata mandata a lavorare nel settore del pesce. A raccogliere le cozze, nello specifico. Un ragazzo di diciassette anni del liceo classico, con il megafono stretto fra le dita, ha raccontato del suo tour tra le imprese di pulizie del Comune. I suoi amici, quelli più fortunati, scarrozzavano documenti per le case farmaceutiche o in giro per la pubblica amministrazione. A Sorrento gli studenti sono stati spediti in un frantoio per pulire i macchinari oppure nei campi, a raccogliere i pomodori. Sicuramente chiedendo in giro si scoprirà che non tutte le esperienze sono negative, ma questo non significa che il sistema non sia sbagliato. D'altro canto, viene da chiedersi come lavorare gratis facendo fotocopie o scrostando vongole sia una panacea contro la disoccupazione giovanile. Perché è questo, quello che è stato raccontato.

Oggi è il 29 gennaio. Lorenzo Parelli è morto schiacciato esattamente otto giorni fa. La notizia si è diffusa in fretta, ma con cautela. "Incidente", l'hanno chiamato. L'hanno chiamato così i politici e i giornali, e anche la tv. "Shock", la seconda parola più ricorrente. Ho pensato subito al fatalismo racchiuso in questa parola. "Incidente". Strana parola per un numero in fila a migliaia di altri. Strana parola per definire una morte che rientra in quelle tre morti al giorno che mediamente avvengono sul lavoro in Italia. C'è una statistica che le calcola e lui, Lorenzo Parelli, con la sua morte, ci rientra. E allora mi sembra la regola, mi sembra il sistema, e non capisco come "incidente" oppure "shock", con la loro connotazione di incredula fatalità, possano essere le parole adatte per definire un sistema che quotidianamente uccide. Un "incidente" è qualcosa che si verifica sporadicamente, un "incidente" non può, per sua stessa natura, essere strutturale, cadenzato, perenne. Mi chiedo cosa penseranno le persone sfogliando il giornale e leggendo questi titoli o quando, accendendo il telegiornale la sera, presteranno orecchio alla tv. Capiranno che c'è una strage di lavoratori in Italia oppure penseranno al fato beffardo mentre bevono la loro Coca-Cola? Non è colpa loro, certo, ma dell'informazione. Lei, loro, narrano di un paese che non esiste privandoci della connotazione collettiva di ogni cosa. Mi chiedo come sarebbe l'Italia se chi la racconta mostrasse a chi la abita la realtà di ciò che lo circonda. Mi chiedo quanta opposizione ci sarebbe per le strade se ogni sera, al telegiornale, invece di parlare di "incidenti" si parlasse della mattanza che è il lavoro in Italia e mi chiedo, allora, che ne sarebbe dell'ignavia di stato e dei giochi politici se, di nuovo, ogni sera, venissero elencati i numeri delle violenze, degli abusi, dello sfruttamento. Cosa si direbbe del tasso di suicidio tra i giovani? E del fatto che non trovano case in cui abitare? Cosa si direbbe della precarietà a cui vengono condannati di anno in anno?

Ieri era il 28 gennaio. Camminavamo allacciati gli uni agli altri per quelle strade strette di Torino. Quella massa di gente che avevamo radunato era la nostra risposta organizzata a un sistema rancido che letteralmente distrugge la vita. Studenti, professori, lavoratori. Ogni fisionomia lì in mezzo mi sembrava avere lo stesso scopo. Credo che ci fossero circa duecento persone. La strada era piena e senza zone d'ombra. Non si percepiva nessun senso del limite, sembrava un caos, ma non lo era. C'era piuttosto una rabbia compatta, nitida, organizzata. Una rabbia endemica che si allungava in ogni persona e che si diramava in ogni direzione. Scorreva tra di noi come un liquido mentre, sopra le nostre teste, si agitava una sensazione di futuro e cambiamento.

Importanti aziende, italiane e straniere, hanno ampiamente beneficiato dello sfruttamento dei ragazzi e del loro lavoro. I nomi sono pubblici, "i campioni dell'alternanza" si chiamano sul sito del programma. "Colossi," penso io. Colossi che mai avrebbero avuto problemi di bilancio se, addirittura, si fossero spinti a pagare i lavoratori. Ma il capitalismo è la forma economica del privilegio e senza sfruttamento la struttura crolla. D'altro canto, dal centro di questa piazza, mi pare altrettanto chiaro che il dissenso non praticato rimane un puro esercizio di retorica. Penso a chi dall'alto del Viminale ha definito "scandalosa" la morte di Lorenzo Parelli. Parole. Parole vuote. Non si cambia un paese con i giochi linguistici e le dichiarazioni di intenti vive solo il tempo di un paio di conferenze stampa. Un tweet, a volte. Le parole astratte restano al di sopra di noi mentre marciamo. L'origine di questo umano corteo va ben oltre il risentimento per la morte di Lorenzo Parelli. Si estende fino a Rovato, dove quel giorno di giugno del 2021 uno studente di sedici anni è caduto da cinque metri di altezza mentre si trovava su una piattaforma aerea per montare uno striscione; si dirama verso ovest, arrivando a Cuneo, dove a febbraio scorso uno studente di diciassette anni è rimasto schiacciato da una gigantesca cancellata di ferro mentre faceva le ore obbligatorie di alternanza scuola-lavoro; raggiunge Prato, dove uno studente ha perso parte della mano durante lo stage; passa per Udine, dove un altro studente è rimasto mutilato, sempre, di nuovo, durante il tirocinio. Mi guardo intorno, e il panorama è solo umano.

Qui giuro che ogni singolo corpo sembra animato da una rabbia liberata che muove bocche, braccia, gambe e detta parole da urlare a piena gola. Le voci sono nette, senza paura. Attraversiamo le strade di Torino. Chi abita le case al perimetro della nostra marcia ci guarda dal balcone o dalla finestra. Nessuno scende. In quelle rivendicazioni c'è un'urgenza a cui chi osserva non è abituato. Nemmeno io lo sono. Sembriamo uno sciame, infiniti fili d'erba. Anche se abbiamo tutti andature diverse, avanziamo con gli stessi passi. Ci accomuna il desiderio di smettere di essere oggetti politici e di diventare, finalmente, soggetti. La nostra dignità di uomini, donne, studenti sta tutta in questa marcia. Le strade, quelle stesse strade da cui le donne fuggono di notte e in cui i ragazzi muoiono testimoni di disparità, sembravano ora essere nostre, un luogo sicuro. La rabbia ha smesso di eroderci dall'interno per iniziare a bruciare all'esterno, attutendo quel senso immenso di perenne impotenza. Non c'è muro che possa fermarci, questo pensavo. Mi sbagliavo. A un certo punto, infatti, il passaggio diventa faticoso. I corpi intorno a me diventano rigidi e, improvvisamente, immobili. Davanti a noi sono schierati muti e marziali decine di poliziotti fermi come una cortina di ferro. In assetto antisommossa hanno i volti coperti e i manganelli sollevati come trofei. Si vedono solo gli occhi. Per un minuto soltanto ci fermiamo, in un silenzio carico di tutto. È un ragazzo di una ventina d'anni a spezzare il clima di immobilità che ci ancora al suolo. Cauto e serio muove un passo oltre lo spazio che si era creato tra noi e loro cercando di rompere quel corpo di ostruzione. Di riflesso quattro braccia bardate e protette da uno scudo lo spingono via con forza. Cade all'indietro, sopra gli altri corpi. Gli sguardi delle forze dell'ordine sono fissi su di lui. Quanto è durata la nostra marcia? Trenta minuti? Quaranta? È chiaro che gli ordini sono di non farci passare. Avremmo forse dovuto fermarci? Accettare di silenziare i nostri bisogni e la nostra collera? E quale sarebbe stata l'alternativa? Che cosa avrebbe significato rinunciare a quella nostra marcia di giustizia? Significava accettare che il mondo sarebbe andato sempre in quella direzione, che la scuola poteva essere piegata ai benefici del profitto, che la morte di Lorenzo Parelli e tutte le precedenti e tutte le successive erano di fatto solo "incidenti" e non uno schema in continua ripetizione, che i soldi, il profitto, il beneficio di pochi poteva essere costruito sullo sfruttamento di tutti gli altri. Fermarci, adesso, significa piegarci all'omertà oppure accettare che per questa realtà non c'è niente da fare. Scegliere, in definitiva, il fatalismo e non l'azione. Non è per questo che abbiamo iniziato la protesta. Se è vero che la paura è uno dei più potenti fattori disgreganti, è vero anche che la paura che proviamo noi di fronte ai celerini armati è ben sommersa da un cumulo di rabbia. Presente, sì, ma irrilevante. Scegliamo di creare una crepa nel divieto, nello status quo, e quindi in quel muro di scudi e manganelli che lo rappresenta. La libertà va esercitata, e passa per la liberazione. Sono irosi, ciechi, quando iniziano a picchiarci. È pericoloso, ci sono delle macchine. Noi siamo bloccati nella piazza. Proviamo a parlare con la Digos ma dicono che non c'è. Tentiamo di parlare, di far procedere il corteo in modo pacifico, ci aproviamo in ogni direzione, ma ogni uscita è sbarrata da un cordone della polizia. Non ci sono altre vie. Di nuovo, botte. Che proporzione ci può essere tra dozzine di forze dell'ordine in tenuta antisommossa e un corteo disarmato di studenti? Che proporzione c'è tra decine di manganelli e teste, arti, visi non coperti? I suoni sono nitidi perché chi non si piega viene spezzato in una spaventosa gestione militare dell'umano. Alcuni di noi gridano, terrorizzati. "Potremmo essere vostri figli." "Stiamo facendo il nostro lavoro," rispondono loro. Vile obbedienza. Di nuovo, botte. Via Bertola è chiusa da dodici celerini schierati. Via Bertola è stretta ed è difficile tornare indietro rapidamente, senza cadere l'uno sull'altro. Rimaniamo bloccati in pochissimo spazio e così la polizia parte con l'ennesima carica. Noi indietreggiamo, loro avanzano. Botte. Di nuovo. La ragazza di fianco a me si piega per aiutare un ragazzo crollato sotto i colpi della polizia che, vedendola prona, la colpisce forte alla schiena. Sviene per il dolore. Le rompono un'anca. Manganellano con cura, loro, scelgono i bersagli e li colpiscono. Teste. Fianchi. Braccia. Stinchi. Ho l'odore del sangue nelle narici. Un ragazzo a pochi passi da me sanguina copiosamente dalla tempia. Un manganello di stato, di quello animato dai soldi pubblici, gli ha appena fracassato il cranio. Loro, i poliziotti, non si fermano. Non sembrano una massa di animali in preda alla furia, ma, esattamente al contrario, sono mossi da una violenza ordinata, ragionata, calcolata. Come se quello di picchiarci dovesse essere un passaggio necessario. Come se pensassero che così, picchiandoci fino al sanguinamento, potessero uccidere la nostra rabbia e farla schizzare via a furia di manganellate. Come se pensassero che, sì, avremmo reagito, ma poi alla fine avremmo smesso di marciare, di respingere l'ordine, di passare per quelle strade. Forse pensano che una volta tornati a casa, lavandoci via il sangue, la terra, lo sporco, faremo un funerale a quella nostra ira e che quindi, poi, semplicemente smetteremo di opporci perché loro, oggi, sono riusciti a insegnarci la lezione. Non è necessario idealizzare le vittime e demonizzare i carnefici, rispondiamo come possiamo a una violenza brutale e insensata. Non abbiamo armi, bastoni, bottiglie, nulla. Qualcuno di noi ha delle uova dipinte di rosso a simboleggiare il sangue di Lorenzo Parelli. Due centinaia scarse di studenti a mani vuote e volti scoperti, questo siamo. La nostra è protesta, non violenza. Seguono decine di feriti.

C'è una grande differenza tra l'odio che animava i manganelli sui nostri corpi e la rabbia che quei corpi li muoveva, una differenza che risiede nella lotta eterna tra chi si aggrappa al mondo che abita e chi, quel mondo, vuole cambiarlo. Staticità contro propulsione. Immobilità contro cambiamento. Che cos'è questa violenza se non il corpo di difesa dell'ordine costituito? Che cos'è questa violenza se non il braccio armato dello stato? E perché nessuno si chiede se quest'ordine che la polizia difende sia giusto?

Non conosco storie di rivoluzioni silenziose; non conosco storie di uomini o di donne che hanno guadagnato diritti scegliendo l'asservimento. Conosco però il silenzio, che è il terreno su cui avvengono i più grandi massacri della società.

Non avrei mai voluto vedere questa brutalità, questa crudeltà. Sui giornali che sfoglio si costruisce uno scenario che non è mai esistito, si lascia intendere che fossimo noi a diffondere odio, violenza, che fossimo noi i vili, "i cattivi". Allora qualcuno deve dirmi: non è forse l'odio molto più pericoloso della rabbia? E non è forse per questa rabbia sacrosanta che oggi le donne votano? O per una rabbia senza rassegnazione che sono nati i sindacati? Non è forse questa rabbia l'unico strumento di rivendicazione sociale che ci abbia mai portato, uomini e donne, ad avere i diritti che oggi vantiamo? Non è quindi questo sangue che non avremmo mai dovuto versare, e questa violenza che non avremmo mai dovuto subire, a incarnare il bisogno di una resistenza che ci rende liberi? Ditemi se non è forse vero che il potere indietreggia solo in presenza di un potere più grande.

Abbiamo l'abitudine di pensare alla rabbia e alla collera come qualcosa di ineluttabilmente negativo, da fuggire, da arginare, da reprimere, e mai ci soffermiamo su come la rabbia sia sempre stata la miccia del cambiamento nella nostra storia. Abbiamo anche l'abitudine di dimenticare che dalla violenza siamo circondati. Violenza illegittima quella di omicidi, stupri e abusi, violenza "legittima" quella che troppo spesso lo stato porta avanti nell'impunità. Violenza sono i migliaia di feriti e morti sul lavoro, violenza sono i sei milioni di persone costrette in povertà assoluta, violenza è la retorica del merito che ci illude di avere tutti le stesse possibilità, violenza è la privazione di un salario minimo, di avere una casa, di avere una sanità egualitaria. Violenza è anche negare che lo stato abbia il potere di decretare cosa è violento e cosa no, cosa è buono e cosa invece è cattivo, mentre ha il potere di usare armi, rinchiudere, lasciar morire in mare in nome di "sicurezza e protezione" definiti, rigorosamente, secondo i suoi stessi fallati parametri costruiti sulla sua idea del "migliore dei mondi possibili". Ora, su questo treno, con questi giornali in mano, che non posso che detestare per la fallacia con cui raccontano il mondo che abito, credo che questa rabbia rifletta l'oppressione di cui portiamo il marchio. Credo, mentre non posso far altro che strappare questi fogli che stringo fra le mani, che mi sentirei privata di ogni forma di vita se mi rassegnassi all'idea che l'esistenza umana è irreparabilmente destinata a piegarsi a tutte queste forme di dominio. Se è vero che la marcia che ieri ho abitato è stata repressa in nome di quell'ordine costituito, è altrettanto vero che non è stato represso il pensiero, che quel fiume umano l'ha reso reale. Se è vero che una parte umana di mondo soccombe, è altrettanto vero che ce n'è una che ha la responsabilità di cambiare il sistema di oppressione usando come mezzo il proprio privilegio. Lo stesso privilegio che io ora ho nello scrivere queste righe. Lo stesso privilegio che chi queste righe le legge potrebbe avere senza rendersene conto. Credo oggi fermamente che sia necessario per ognuno di noi guardarsi allo specchio e chiedersi se è parte del cambiamento che inevitabilmente avverrà oppure se, invece, sta scegliendo la sponda della connivenza in questa cultura del silenzio. Leggo, tra le righe mai scritte di questi giornali, che una piazza piena, delle strade abitate, delle grida alzate, sono lo specchio che riflette la paura del cambiamento: la paura di una società collettiva, la paura di condividere il proprio universo di diritti, la paura di perdere l'assolutezza del proprio privilegio, la paura di chi sceglie la stabilità al posto della libertà.

Quando, dunque, inizieremo a farci una colpa della nostra indifferenza?

Un po' di dati

In Italia, nel 2021, vivevano in condizione di povertà assoluta più di 1,9 milioni di famiglie (7,5% del totale) e circa 5,6 milioni di individui (9,4%). Tra le famiglie povere, il 42,2% risiede nel Mezzogiorno e il 42,6% al Nord. Facendo riferimento alla classe di età, l'incidenza di povertà assoluta si attesta al 14,2% (poco meno di 1,4 milioni) fra i minori; all'11,1% fra i giovani di 18-34 anni (pari a 1.086.000 individui) e rimane su un livello elevato (9,1%) anche per la classe di età 35-64 anni (2.361.000 individui), mentre si mantiene su valori inferiori alla media nazionale per gli over 65 (5,3%, interessando circa 743.000 persone).

Se spostiamo lo sguardo a chi vive nella condizione di rischio povertà, come riportato dall'esame delle proposte di legge recanti disposizioni in materia di giusta retribuzione e salario minimo e dall'audizione dell'Istituto nazionale di statistica, nel 2022 il 20,1% delle persone residenti in Italia viveva in famiglie a rischio di povertà (parliamo di circa 11.800.000 individui). La quota scende all'11,4% se si considerano coloro che hanno un'occupazione dipendente (valore di oltre 5 punti percentuali inferiore a quello della categoria dei lavoratori autonomi, pari al 16,5%, e di circa 4 punti rispetto alla categoria dei pensionati, 15,8%), per un totale di circa 2,4 milioni di lavoratori. Considerando i soli lavoratori dipendenti, nel 2022, la quota di coloro che sono a rischio di povertà è più elevata tra i giovani (di età inferiore ai 35 anni) (13,7%), e di 5 punti percentuali più alta di quella che caratterizza le età più avanzate (50 anni e oltre), per effetto di livelli retributivi che tendono ad aumentare nel tempo a seguito degli avanzamenti di carriera, dell'accrescimento professionale e dell'anzianità di servizio. Le differenze di genere appaiono evidenti quando si considerano le tipologie familiari: tra i dipendenti, le single giovani (in età inferiore ai 35 anni) hanno il doppio della probabilità di cadere in uno stato di povertà reddituale rispetto ai single maschi di pari età e la differenza è di quasi 3 punti percentuali anche tra i single adulti (35-64 anni). Tra i monogenitori, quasi tutte donne, l'incidenza è decisamente elevata, si attesta al 18,5% e sale al 23,6% se in famiglia è presente almeno un figlio minore. In termini semplici è esaustivo dire che, in Italia, non è sufficiente lavorare per essere al sicuro dalla povertà, visto che secondo l'Eurostat, nel 2021, l'11,7% degli occupati in Italia viveva in condizioni di povertà lavorativa. Gli esperti consultati dallo stesso Ministero del Lavoro hanno poi ampliato la definizione di lavoratori poveri estendendo la percentuale al 13%, parliamo quindi di quasi 3 milioni di occupati. D'altronde, mentre in Spagna i salari medi sono aumentati del 6%, in Francia del 31% e in Germania del 34%, in Italia negli ultimi 30 anni i salari reali medi (tenendo in considerazione l'impatto dell'inflazione) sono diminuiti di oltre 1000 euro, il 3,6%, passando da 28.800 euro a 27.800. L'evidenza che i giovani siano la fascia di popolazione più a rischio povertà in Italia non è un caso. L'Italia non è dotata di una normativa che impone che il lavoro giovanile sia retribuito: i tirocini curriculari, in Italia, continuano a essere gratuiti. I giovani sono a maggiore rischio povertà perché l'Italia è d'accordo sul non pagare il loro (nostro) lavoro. A inizio 2022, d'altronde, nel Parlamento europeo abbiamo assistito inermi alla bocciatura di quell'emendamento che si proponeva di vietare la pratica dei tirocini e degli apprendistati gratuiti. Gli europarlamentari di Lega, Forza Italia, Italia Viva si sono infatti opposti all'approvazione di questo emendamento, mentre Fratelli d'Italia ha scelto di astenersi. Il totale disinteresse sull'impatto che questa scelta ha sui giovani è evidente anche dall'assenza di un censimento o di una qualche misura statistica nazionale che quantifichi i giovani vittime di questa forma di sfruttamento. Gli unici dati disponibili sono quelli forniti da Repubblica degli Stagisti, che stima che i giovani lavoratori siano circa mezzo milione all'anno, di cui 150-200.000 soggetti allo stage curricolare (legalmente gratuito) e circa 355.000 soggetti a quello extra-curricolare, per cui percepiscono dai 300 agli 800 euro al mese circa, cioè cifre che, preme sottolineare, sono al di sotto della soglia media di povertà. È così che in Italia il diritto a emigrare si è trasformato in una necessità, nell'unica cura apparentemente possibile alla povertà, all'incertezza, all'assenza di tutele. Cura però che solo le tasche più piene possono permettersi, generando, di nuovo, iniquità. È fondamentale sottolineare che dal 2006 le partenze sono cresciute del 91%. Sono quasi 6 milioni gli italiani residenti all'estero. Il 44% degli 82.000 italiani espatriati nel 2022 sono giovani tra i 18 e i 34 anni.

Fonti

Audizione dell'Istituto nazionale di statistica, *Esame delle proposte di legge C. 141 Fratoianni, C. 210 Serracchiani, C. 216 Laus, C. 306 Conte, C. 432 Orlando, C. 1053 Richetti e C. 1275 Conte, recanti disposizioni in materia di giusta retribuzione e salario minimo*, XI Commissione (Lavoro pubblico e privato) della Camera dei deputati 11 luglio 2023.

Eurostat, *EU statistics on income and living conditions (EU-SILC) methodology – In-work poverty*, 2023.

Eurostat, *In-work at-risk-of-poverty rate*, 2023.

Eurostat, *Median hourly earnings, all employees (excluding apprentices) by sex*, 2021.

Fondazione Migrantes, *Rapporto Italiani nel Mondo 2023*, novembre 2023.

Garnero, A., Ciucciovino, S., de Camillis, R., Magnani, M., Naticchioni, P., Raitan, M., Scherer, S., Struffolino, E., *Relazione del gruppo di lavoro sugli interventi e le misure di contrasto alla povertà lavorativa in Italia*, novembre 2021.

Istat, *Le statistiche dell'Istat sulla povertà, anno 2021*, 15 giugno 2022.

Oecd, *Average annual wages*, 2023.

Pagella Politica, *Siamo un Paese sempre più povero?*, 1 giugno 2022.

Repubblica degli Stagisti, *Quanti sono (o meglio, erano prima del Covid) gli stagisti italiani?*, giugno 2020.

Repubblica degli Stagisti, *Quanto vengono pagati gli stagisti? E quelli che ricevono indennità più alte vengono assunti più spesso?*, ottobre 2021.

Per noi

Per noi, definiti la generazione dei fallimenti e dei falliti. Per noi, frutto di un paese che ha smesso di crescere. Per noi, risultato di una comunità di individui spettatori. Per noi, sono queste righe. Per voi, questi inviti.

La violenza è declinata in tanti modi e in tanti corpi, e mentre tanti corpi compongono una collettività, tanti modi delineano un sistema. Alcune violenze le subiamo, altre minimamente le immaginiamo, altre siamo probabilmente noi stessi ad animarle. C'è un intero sistema in cui cresciamo inconsapevoli e in questo sistema siamo macchine private di motore. Incapaci di costruire una collettività attenta a se stessa. Incapaci di inserire l'individuo nel gruppo, desiderosi, invece, solo di piegare il gruppo al sé. In questo mondo, ora, l'indifferenza è divenuta malattia. Incontenibile l'epidemia di fatalismo e disattenzione. Pandemia del "non mi interessa". Endemia del "non cambierà mai nulla". Enorme, in questo, credo sia stata la frattura del G8 di Genova: un mondo organizzato in protesta brutalmente vessato dagli abusi di uno stato e dei suoi rappresentanti. Un sistema di speranze smembrato durante il parto. Forse è lì che la speranza si è infranta, nell'esatto momento in cui un'idea di cambiamento è stata piegata a un'idea di dominio. Non credo nella teoria dei cicli storici di indifferenza. Non credo nemmeno che ogni popolazione abbia ciò che si merita, visto che, inevitabilmente, gli effetti disastrosi ricadono sempre su chi ha avuto meno possibilità di scelta. E non mi si dica che oggi il voto è strumento di scelta autentico, perché non lo è: non c'è giustizia nell'assenza di diritto di voto alle persone fuori sede, né nella pretesa che studenti e pendolari debbano pagare per raggiungere un seggio di voto a chilometri di distanza; non c'è giustizia nell'assenza di diritto di voto a chi abita il paese ma non ha un foglio che ne attesti la cittadinanza; non c'è giustizia nel diritto mai dato ai minori di votare: sedicenni che abitano un futuro che non possono scegliere; non c'è giustizia in un sistema di voto che da tempo ha abbandonato la proporzionalità annientando così la rappresentanza delle minoranze. Parimenti, disillusa scrivo che il voto rende noi tutti oggetti politici e non soggetti. Carne da consenso, siamo chiamati a scegliere tra programmi elettorali a cui non aderiamo mai al 100%. Stabilità e status quo sono avvalorati dalla propaganda mentre l'evoluzione è derubricata a rischio collettivo. "Una cosa per volta" è la litania che ci impedirà di vedere il cambiamento realizzato. "Compromesso" è la parola che ha sostituito "libertà". Se non voglio che la bianchezza sia una misura del valore della vita umana devo accontentarmi che lo sia la produttività. Se non voglio che lo sia la produttività devo accettare che lo sia l'occidentalità. O altrimenti il sesso, il genere, la religione, l'età, la disabilità. Piccoli passi per grandi consensi. "Sì" o "no", "pro" o "contro" sono gli unici interrogativi che ci vengono posti dalla politica, dal sistema mediatico e dall'informazione. Ogni complessità è annientata, ogni diversità tacciata di devianza. Ecco, il sistema politico in cui siamo cresciuti.

Ben lontano dall'essere un invito all'astensionismo, questo è invece un invito alla riflessione e all'esercizio di altre fondamentali e quanto mai centrali forme di democrazia. Questo è un invito a fare della rabbia e della resistenza un progetto democratico, perché, se c'è una cosa da capire, è che il silenzio non ci ha mai davvero protetti. Ciò che certamente credo è che il potere che individualmente e collettivamente andrebbe costruito non sia l'assenza di paura, quanto invece la capacità di resistere e sottrarci all'anestetizzazione indotta: potere necessario per rimanere svegli e vigili ai movimenti di ciò che ci circonda, alle mani che si muovono su di noi, ai sistemi che ci vengono costruiti attorno, alle scale di dominio nascoste o presentate come la naturale conseguenza di un sistema evolutivo. "Civiltà" ci facciamo chiamare mentre vessiamo e subordiniamo persone entro e oltre i nostri artificiali confini, "civiltà" ci autoproclamiamo mentre promuoviamo spasmodicamente la dittatura della produttività e dell'ascesa individualista. Ma è proprio sotto questo ombrello di civiltà che una collettività senza potere negli anni è diventata tale, senza lingua e senza voce, generando un silenzio che ha contaminato tutto. Fino a che punto un sistema costruito su privilegi e violenze normalizzate potrà continuare ad accerchiare uno stato di diritto? Il potere non indietreggia mai, se non in presenza di un potere più grande, diceva Malcom X. La risposta è nella collettività. Per lo stesso motivo, e allo stesso tempo, credo che siano fuori da ogni logica e presente l'immobilità e l'apatia sociale che ci attanagliano nell'attesa che arrivi un altro leader a legittimare battaglie necessarie e bisogni che ora solo sommessamente palesiamo a noi stessi. Finché i diritti e la parità di fatto saranno trattati come un'opinione, i numeri degli abusi non potranno che continuare a salire in modo ciclico, e non ci sarà alcun leader in grado di risvegliare tutti i morti che abbiamo sulla coscienza. Davvero c'è ancora qualcuno tra di noi che può permettersi di credere che la disparità di genere non dipenda dalle scelte che compiamo ogni giorno? C'è ancora qualcuno che può permettersi di supporre che ogni disparità non sia perfettamente collegata a un'altra in un unico sistema di oppressione? C'è ancora qualcuno tra di noi che si concede di raccontarsi che il proprio privilegio non sia anche una responsabilità? Se è vero che la società ci condiziona, è anche vero che non ci determina e in uno stato e in un sistema che non si impegnano a diffondere equità non c'è niente di più costruttivo della decostruzione. Mentre scrivo ho in mente una Repubblica fondata sulla vita e dei continenti nuovi e liberi, costruiti su un reciproco obbligo di rispetto e una comune dignità umana come elemento di assoluta centralità. Ho in mente un percorso di responsabilizzazione delle generazioni precedenti e il nuovo irrefrenabile slancio di chi non si fermerà al già guadagnato ma avanzerà verso ciò che ancora ci manca, nella consapevolezza che il capitolo delle rivendicazioni sociali e politiche non può ancora considerarsi concluso nella nostra storia.

Oggi, mentre abbiamo perso il nostro peso specifico di cittadini e cittadine, immagino un presente in cui riconosciamo i rapporti di forza che costituiscono la società così come riconosciamo che è la forza di gravità a tenerci ancorati a terra. Non fingo che la consapevolezza non costi nulla, ma mi rifiuto di credere che l'alternativa sia solo tra subordinare o essere subordinati. Mi rifiuto, facendo un passo avanti, di accettare che non si dia la possibilità di costruire il futuro a chi lo abiterà. Mi rifiuto di accettare che la mia generazione e le generazioni successive siano sottoposte a una così brutale criminalizzazione del dissenso, che non passa solo per un manganello insanguinato, ma anche per il racconto che di questo dissenso viene fatto. È così che mi ritrovo sul giornale il "fascismo degli antifascisti", mentre leggo di noi che in piazza protestiamo contro un governo che ci mangia il futuro. E mentre io mi dico che non si è mai visto un fascismo che lotta per i diritti di tutti, i titoloni si susseguono e il dissenso viene smembrato. Allora ci riprovo e cerco di noi che pacificamente protestiamo fermi, con tende picchettate sul suolo della disparità. Cinque, dieci, venti e cento tende fuori dall'università contro il caro affitti, contro una mobilità insostenibile, contro una politica sorda. E allora ecco di nuovo: "Fatevi il mazzo, non la tenda", scrive Vittorio Feltri ("Libero", 11 maggio 2023). E allora, mi chiedo, la vera soluzione per l'Italia, per la politica, per l'informazione complice, è forse il nostro silenzio? Non è forse questo che ci viene chiesto attraverso la continua e perenne delegittimazione del contrario? Eppure, accettare tutto ciò come "inevitabile" significa rinunciare alla nostra capacità di pensare e di auto-determinarci. Accettare tutto ciò come inevitabile significa scegliere di percepire la storia come oggettiva e non come soggettiva, cioè frutto delle soggettività. Significa accettare la comoda idea che la storia sia guidata dal destino e non dalle mani di pochi uomini nell'impotenza o nell'indifferenza di tutti gli altri.

Ecco, cedo quindi ora le mie ultime righe alla speranza e all'invito. Capiamo cosa rappresentiamo nel mondo. Capiamo quali comportamenti, quali aspetti delle nostre vite contribuiscono al sistema di oppressione. Scegliamo se essere attori o spettatori, parte del problema o della soluzione. Interrompiamo quel flusso che da anni ci chiede di romanticizzare il dolore, addolcirlo, combatterlo o rinnegarlo. Scegliamo invece di rivendicarlo nella sua interezza e complessità come miccia di cambiamento. Smettiamo anche di romanticizzare il passato, le conquiste, i diritti ottenuti e liberiamoci della patina di nostalgia che ci impedisce di vedere che l'unico vero motivo per cui ora abbiamo quei diritti che consideriamo universali sono i pugni alzati di chi li ha rivendicati al posto nostro, al prezzo del sangue, della lotta e della svalutazione delle proprie rivendicazioni. Smettiamo oggi di vedere lo spazio (sociale, geografico, umano) in funzione della nostra realtà e iniziamo a osservarlo come un sistema che genera violenze e oppressioni. Abbracciamo la nostra rabbia perché, una volta sedimentata, sarà roccia impossibile da smuovere e perno del nostro stare al mondo.

(non) Ringraziamenti

Prassi vorrebbe che io ora ringraziassi ogni sguardo allusivo o mano cadente per avermi resa ciò che sono. Magari anche il mio capo. Magari anche il medico che impunemente mi ha violata. La verità però è tutt'altra. Mai uscirà dalla mia bocca un "grazie" verso un mondo che non vorrei abitare, ma solo rivoluzionare. Non c'è gratitudine per le notti insonni, la paura, l'inadeguatezza di cui siamo vittime ogni giorno. Quindi il mio unico "grazie" va a chi fa rumore, a chi si ribella, a chi si oppone, a chi lotta: costruiamo un muro più alto del loro e poi disintegriamo tutto per ricostruire.

Bibliografia consigliata

Qui, elencati nelle prossime pagine, trovate parte dei testi e dei libri a cui credo di essere, in qualche modo, debitrice. Vi invito a leggerli, per scoprire o ricordare il potere di un movimento che nasce dalle parole di opposizione. È questa l'anatomia della mia rabbia:

A.A. V.V., *Nessun rimorso, Genova 2001-2021*, Coconino Press, Roma 2021.

A.A.V.V., *Non si può più dire niente? 14 punti di vista su politicamente corretto e cancel culture*, UTET, Torino 2022.

Aciman, A., *Chiamami col tuo nome*, Guanda, Milano 2019.

Ahmed, S., *Living a Feminist Life*, Duke University Press, Durham 2017.

Alderman, N., *Il futuro*, Feltrinelli, Milano 2023.

Alderman, N., *Ragazze elettriche*, Nottetempo, Milano 2023.

Aleramo, S., *Una donna*, Feltrinelli, Milano 2013.

Alliva, S., *Caccia all'omo. Viaggio nel paese dell'omofobia*, Fandango, Roma 2020.

Anzaldùa, G., *Terre di confine. La frontera. La nuova mestiza*, Edizioni Black Coffee, Firenze 2022.

Ariano, C., *Dall'autodeterminazione della donna al criptoaborto. Il dibattito pubblico sulla legge 194*, Cronache Ribelli, 2023

Ardone, V., *Oliva Denaro*, Einaudi, Torino 2021.

Arendt, H., *La banalità del male*, Feltrinelli, Milano 2023.

Arruzza, C., Bhattacharya, T., Fraser, N., *Femminismo per il 99%. Un manifesto*, Laterza, Bari 2019.

Bainotti, L., Semenzin, S., *Donne tutte puttane. Revenge porn e maschilità egemone*, Durango, Andria 2021.

Balzano, A., *Per farla finita con la famiglia. Dall'aborto alle parentele postumane*, Meltemi, Milano 2021.

Battaglia, F.M., *Ho molti amici gay. La crociata omofoba della politica italiana*, Bollati Boringhieri, Torino 2017.

Battaglia, F.M., *Stai zitta e va' in cucina. Breve storia del maschilismo in politica da Togliatti a Grillo*, Bollati Boringhieri, Torino 2015.

Borghi, R., *Decolonialità e privilegio. Pratiche femministe e critica al sistema-mondo*, Meltemi, Milano 2020.

Bottici, C., *Manifesto anarca-femminista*, Laterza, Bari 2022.

Bourdieu, P., *Il dominio maschile*, Feltrinelli, Milano 2014.

Braidotti, R., *Materialismo radicale. Itinerari etici per cyborg e cattive ragazze*, Meltemi, Milano 2019.

Brogi, D., *Lo spazio delle donne*, Einaudi, Torino 2022.

Browne, S., *Materie oscure. Dark Matters: Sulla sorveglianza della nerezza*, Meltemi, Milano 2023.

Butler, J., *Corpi che contano. I limiti discorsivi del "sesso"*, Castelvecchi, Roma 2022.

Butler, J., *Fare e disfare il genere*, Mimesis, Sesto San Giovanni 2014.

Butler, J., *L'alleanza dei corpi*, Nottetempo, Milano 2017.
Butler, J., *Parole che provocano. Per una politica del performativo*, Raffaello Cortina, Milano 2010.
Butler, J., *Questione di genere. Il femminismo e la sovversione dell'identità*, Laterza, 2013.
Butler, J., Laclau, E., Žižek, S., *Dialoghi sulla sinistra. Contingenza, egemonia, universalità*, Laterza, Bari 2010.
Callieri, V., *È così che ci appartiene il mondo. Genova 2001, caserma di Bolzaneto*, Feltrinelli, Milano 2021.
Cantarella, E., *L'ambiguo malanno*, Feltrinelli, Milano 2013.
Capria, C., *Campo di battaglia, le lotte dei corpi femminili*, effequ, Roma 2021.
Capponi, C., *Con cuore di donna*, il Saggiatore, Milano 2012.
Carrère, E., *L'avversario*, Adelphi, Milano 2012.
Carrère, E., *V13. Cronaca giudiziaria*, Adelphi, Milano 2023.
Castelli, F., *Comunarde. Storie di donne sulle barricate*, Armillaria, Roma 2021.
Castells, M., *Comunicazione e potere*, Università Bocconi Editore, Milano 2017.
Cavarero, A., *Il femminile negato. La radice greca della violenza occidentale*, Pazzini, Villa Verucchio 2007.
Cavarero, A., Restaino, F., *Le filosofe femministe*, Pearson, Milano 2022.
Cicconetti, F., *Scheletro femmina*, Mondadori, Milano 2022.
Coin, F., *Le grandi dimissioni. Il nuovo rifiuto del lavoro e il tempo di riprenderci la vita*, Einaudi, Torino 2023.
Corradi, L., *Specchio delle sue brame. Analisi socio-politica della pubblicità: genere, classe, razza, età ed eterosessismo*, Futura, Roma 2017.

Clover, J., *Riot. Sciopero. Riot. Una nuova epoca di rivolte*, Meltemi, Milano 2023.

Criado Perez, C., *Invisibili: Come il nostro mondo ignora le donne in ogni campo. Dati alla mano*, Einaudi, Torino 2020.

Cruz, C., *Melanconia di classe. Manifesto per la working class*, Atlantide, Roma 2022.

Curcio, A., *Introduzione ai femminismi. Genere, razza, classe, riproduzione: dal marxismo al queer*, DeriveApprodi, Bologna 2023.

Cuter, G., Perona, G., *Le ragazze stanno bene*, HarperCollins, Milano 2020.

Cutrufelli, M.R., *La briganta*, Frassinelli, Torino 2016.

Davis, A., *Blues e femminisimo nero*, Alegre, Roma 2022.

Davis, A., *Donne, razza e classe*, Alegre, Roma 2018.

Davis, A., *La libertà è una lotta costante*, Ponte alle Grazie, Milano 2018.

Dawson, J., *Questo libro è gay*, Sonda, Milano 2018.

De Beauvoir, S., *Il secondo sesso*, il Saggiatore, Milano 2016.

De Beauvoir, S., *La femminilità, una trappola. Scritti inediti 1927-1983*, L'orma, Roma 2021.

De Beauvoir, S., *Quando tutte le donne del mondo…*, Einaudi, Torino 2019.

Despentes, V., *King Kong Theory*, Fandango, Roma 2019.

Diamond, J., *Armi, acciaio e malattie. Breve storia del mondo negli ultimi tredicimila anni*, Einaudi, Torino 2014.

Diangelo, R., *White Fragility: Why It's So Hard for White People to Talk About Racism*, Penguin, Londra 2019.

Di Nicola, P., *La mia parola contro la sua. Quando il pregiudizio è più importante del giudizio*, HarperCollins, Milano 2021.

Dominici, M., *Il libro del femminismo. Grandi idee spiegate in modo semplice*, Gribaudo, Verona 2019.

Doyle, J.E.S., *Il mostruoso femminile. Il patriarcato e la paura delle donne*, Tlon, Roma 2021.
Doyle, J.E.S., *Spezzate. Perché ci piace quando le donne sbagliano*, Tlon, Roma 2022.
Eco, U., *Il fascismo eterno*, La Nave di Teseo, Milano 2018.
Eddo-Lodge, R., *Why I'm No Longer Talking to White People About Race*, Bloomsbury Publishing, Londra 2019.
Engeln, R., *Beauty mania. Quando la bellezza diventa ossessione*, HarperCollins, Milano 2018.
Ensler, E., *I monologhi della vagina*, il Saggiatore, Milano 2018.
Evaristo, B., *Ragazza, donna, altro*, Sur, Roma 2020.
Faderman, L., *The Gay Revolution: The Story of the Struggle*, Simon & Schuster, New York 2016.
Fana, M., *Non è lavoro, è sfruttamento*, Laterza, Bari 2019.
Fanon, F., *Black Skin, White Masks*, Grove Press, New York 2008.
Fanon, F., *I dannati della terra*, Einaudi, Torino 2007
Federici, S., *Calibano e la strega*, Mimesis, Sesto San Giovanni 2020.
Ferri, A., *Libertà condizionata*, People, Milano 2020.
Freire, P., *Il diritto e il dovere di cambiare il mondo. Per una pedagogia dell'indignazione*, Il Margine, Trento 2021.
Freire, P., *Pedagogia dell'autonomia. Saperi necessari per la pratica educativa*, Edizioni Gruppo Abele, Torino 2014.
Fonte, V., *Ne uccide più la lingua. Smontare e contestare la discriminazione di genere che passa per le parole*, De Agostini, Milano 2022.
Foucault, M., *Storia della follia nell'età classica*, Rizzoli, Milano 2011.

Gay, R., *Bad Feminist: essays*, Harper Perennial, New York 2015.
Ganser, D., *Le guerre illegali della Nato*, Fazi, Roma 2022.
Ghaffari, R., *Strade di donne in Iran*, Astarte, Pisa 2023.
Gheno, V., *Femminili singolari. Il femminismo è nelle parole*, effequ, Roma 2021.
Gholian, S., *Diari dal carcere*, Gaspari, Udine 2021.
Gianini Belotti, E., *Dalla parte delle bambine. L'influenza dei condizionamenti sociali nella formazione del ruolo femminile nei primi anni di vita*, Feltrinelli, Milano 2023.
Ginzburg, N., *Lessico famigliare*, Einaudi, Torino 2014.
Gramsci, A., *Odio gli indifferenti*, Chiarelettere, Milano 2015.
Guerra, J., *Il corpo elettrico. Il desiderio nel femminismo che verrà*, Tlon, Roma 2020.
Haraway, D.J., *Manifesto cyborg*, Feltrinelli, Milano 2018.
Harvey, A., *Studi femministi dei media*, Meltemi, Milano 2023.
Heger, H., *Gli uomini con il triangolo rosa*, Sonda, Milano 2019.
Hessel, S., *Indignatevi!*, add editore, Torino 2011.
hooks, b., *Comunione. La ricerca femminile dell'amore*, il Saggiatore, Milano 2023.
hooks, b., *Elogio del margine. Scrivere al buio*, Tamu, Napoli 2020.
hooks, b., *Il femminismo è per tutti. Una politica appassionata*, Tamu, Napoli 2021.
hooks, b., *Insegnare a trasgredire. L'educazione come pratica della libertà*, Meltemi, Milano 2018.
hooks, b., *Insegnare comunità. Una pedagogia della speranza*, Meltemi, Milano 2022.

hooks, b., *Insegnare il pensiero critico. Saggezza pratica*, Meltemi, Milano 2023.
hooks, b., *La volontà di cambiare. Mascolinità e amore*, il Saggiatore, Milano 2022.
hooks, b., *Non sono una donna, io. Donne nere e femminismo*, Tamu, Napoli 2023.
hooks, b., *Sentirsi a casa. Una cultura dei luoghi*, Meltemi, Milano 2023.
hooks, b., *The Will to Change: Men, Masculinity, and Love*, Washington Square Press, New York 2004.
Kan, D., *Ladri di denti*, People, Milano 2020.
Kantor J., Twohey, M., *Anche io. Il caso che ha dato inizio al movimento #MeToo*, Vallardi, Milano 2023.
Kern, L., *La città femminista: La lotta per lo spazio in un mondo disegnato da uomini*, Treccani, Roma 2021.
Kilomba, G., *Memorie della piantagione. Episodi di razzismo quotidiano*, Capovolte, Alessandria 2021.
Koyré, A., *Sulla menzogna politica*, Lindau, Milano 2020.
Lagioia, N., *La città dei vivi*, Einaudi, Torino 2022.
Lalli, C., Montegiove, S., *Mai dati. Dati aperti (sulla 194). Perché sono nostri e perché ci servono per scegliere*, Fandango, Roma 2022.
Levi, P., *I sommersi e i salvati*, Einaudi, Torino 2014.
Lorde, A., *D'amore e di lotta. Poesie scelte*, Le Lettere, Milano 2020.
Lucano, M., *Il fuorilegge*, Feltrinelli, Milano 2020.
Lussana, F., *Il movimento femminista in Italia. Esperienze, storie, memorie*, Carocci, Roma 2012.
Lussu, E., *Marcia su Roma e dintorni*, Einaudi, Torino 2014.
Luxemburg, R., *Dappertutto è la felicità. Lettere di gioia e barricate*, L'orma, Roma 2019.

Mancini, E., *Grass*. Strategie e pensieri per corpi liberi dalla grassofobia*, Eris, Torino 2021.
Marianna the influenza, *Nera con forme. Storie di un corpo grasso*, Le Plurali, Roma 2023.
Marchetta, G., *Tutte le ragazze avanti*, add, Torino 2022.
Marcucci, M.E., *Rabbia proteggimi. Dalla Val di Susa al Kurdistan. Storia di una condanna inspiegabile*, Rizzoli Lizard, Milano 2022.
Materozzi, T., *La politica è donna. Memoria di una ragazza ribelle*, La conchiglia di Santiago, San Miniato 2021.
Mibelli, M., Meloni, C., *Belle di faccia. Tecniche per ribellarsi a un mondo grassofobico*, Mondadori, Milano 2021.
Miller, C., *Io ho un nome. Una storia vera*, La Tartaruga, Milano 2019.
Miller, M., *Circe*, Marsilio, Venezia 2021.
Miller, M., *La canzone di Achille*, Marsilio, Venezia 2019.
Mira, V., *X*, Fandango, Roma 2021.
Murgia, M., *Accabadora*, Einaudi, Torino 2010.
Murgia, M., *Ave Mary. E la chiesa inventò la donna*, Einaudi, Torino 2018.
Murgia, M., *Il mondo deve sapere*, Einaudi, Torino 2020.
Murgia, M., *Istruzioni per diventare fascisti*, Einaudi, Torino 2018.
Murgia, M., *Noi siamo tempesta. Storie senza eroe che hanno cambiato il mondo*, Salani, Milano 2019.
Murgia, M., *Stai zitta e altre nove frasi che non vogliamo sentire più*, Einaudi, Torino 2021.
Murgia, M., Tagliaferri, C., *Morgana. L'uomo ricco sono io*, Mondadori, Milano 2021.
Nafisi, A., *Leggere Lolita a Teheran*, Adelphi, Milano 2007.
Ndiaye, N., *Fortunatamente nera. Il risveglio di una mente colonizzata*, HarperCollins, Milano 2023.

Ngozi Adichie, C., *Dovremmo essere tutti femministi*, Einaudi, Torino 2015.

Ngozi Adichie, C., *Cara Ijeawele*, Einaudi, Torino 2017.

Nussbaum, M.C., *Diventare persone. Donne e universalità dei diritti*, il Mulino, Bologna 2011.

Obasuyi, O.Q.D., *Corpi estranei*, People, Milano 2020.

Palazzi, F., *La politica della rabbia. Per una balistica filosofica*, Nottetempo, Milano 2021.

Palumbo, V., *Non per me sola. Storia delle italiane attraverso i romanzi*, Laterza, Bari 2020.

Patel, S., *Ti seguo*, Atlantide, Roma 2022.

Percovich, L., *La coscienza nel corpo. Donne, salute e medicina negli anni Settanta*, FrancoAngeli, Milano 2005.

Pinkola Estés, C., *Donne che corrono coi lupi*, Sperling & Kupfer, Milano 2016.

Plath, S., *La campana di vetro*, Mondadori, Milano 2017.

Ponzani, M., *Processo alla Resistenza. L'eredità della guerra partigiana nella Repubblica (1945-2022)*, Einaudi, Torino 2023.

Prearo, M., *L'ipotesi neocattolica. Politologia dei movimenti anti-gender*, Mimesis, Sesto San Giovanni 2020.

Priulla, G., *Violate. Sessismo e cultura dello stupro*, Villaggio Maori, Catania 2020.

Pugno, L., *Sirene*, Marsilio,Venezia 2022.

Rinaldi, A., *Le signore non parlano di soldi. Quanto ci costa la disparità di genere?*, Fabbri, Milano 2023.

Rivers, I., *Bullismo omofobico. Conoscerlo per combatterlo*, il Saggiatore, Milano 2015.

Rizzo, G., *I fantasmi non esistono. Vite morti e miracoli che nessuno vede*, Mondadori, Milano 2021.

Romano, M., *Indietro non si torna. Il lungo cammino dei diritti civili delle persone LGBT+ in Italia. Una storia personale, una battaglia politica*, TEA, Milano 2023.

Rooney, S., *Dove sei, mondo bello*, Einaudi, Torino 2023.
Rooney, S., *Parlarne tra amici*, Einaudi, Torino 2019.
Rooney, S., *Persone normali*, Einaudi, Torino 2019.
Said, E.W., *Cultura e imperialismo. Letteratura e consenso nel progetto coloniale dell'Occidente*, Feltrinelli, Milano 2023.
Sapienza, G., *L'arte della gioia*, Einaudi, Torino 2014.
Saramago, J., *Cecità*, Feltrinelli, Milano 2013.
Secchi, B., *La città dei ricchi e la città dei poveri*, Laterza, Bari 2022.
Shiva, V., *Il pianeta di tutti. Come il capitalismo ha colonizzato la Terra*, Feltrinelli, Milano 2020.
Solnit, R., *Gli uomini mi spiegano le cose. Riflessioni sulla sopraffazione maschile*, Ponte alle Grazie, Milano 2017.
Solnit, R., *Ricordi della mia inesistenza*, Ponte alle Grazie, Milano 2021.
Sosa Villada, C., *Le cattive*, Sur, Roma 2021.
Stiegler, B., *La miseria simbolica. L' epoca iperindustriale*, Meltemi, Milano 2021.
Strada, G., *Una persona alla volta*, Feltrinelli, Milano 2022.
The Care Collective, *Manifesto della cura. Per una politica dell'interdipendenza*, Alegre, Roma 2021.
Thiébaut, E., *Questo è il mio sangue*, Einaudi, Torino 2018.
Tobagi, B., *La Resistenza delle donne*, Einaudi, Torino 2022.
Tripaldi, L., *Gender Tech. Come la tecnologia controlla il corpo delle donne*, Laterza, Bari 2023.
Uyangoda, N., *L'unica persona nera nella stanza*, 66thand2nd, Roma 2021.

Vagnoli, C., *Maledetta sfortuna. Vedere, riconoscere e rifiutare la violenza di genere*, Fabbri, Milano 2021.
Vagnoli, C., *Poverine. Come non si racconta il femminicidio*, Einaudi, Torino 2021.
Valerio, C., *La matematica è politica*, Einaudi, Torino 2020.
Vecchio, C., *Giorgiana Masi. Indagine su un mistero italiano*, Feltrinelli, Milano 2017.
Vergès, F., *Un femminisimo decoloniale*, Ombre Corte, Verona 2020.
Vescio, A., *La salute è un diritto di genere*, People, Milano 2023.
Volpato, C., *Psicologia del maschilismo*, Laterza, Bari 2013.
Weil, S., *Il libro del potere,* Chiarelettere, Milano 2016.
Weil, S., *La prima radice. Preludio a una dichiarazione dei doveri dell'uomo*, Edizioni di Comunità, Milano 2017.
Weil, S., *L'ombra e la grazia*, Edizioni di Comunità, Milano 1951, 2021.
Weil, S., *Manifesto per la soppressione dei partiti politici*, Castelvecchi, Roma 2012.
Weil, S., *Riflessioni sulla guerra*, Gruppo d'Edizioni Libertarie, Torino 1976.
Weil, S., *Riflessioni sulle cause della libertà e dell'oppressione sociale*, Adelphi, Milano 2003.
Westover, T., *L'educazione*, Feltrinelli, Milano 2020.
Wolf, N., *Il mito della bellezza*, Tlon, Roma 2022.
Wolf, N., *Vagina. Una storia culturale*, Mondadori, Milano 2013.
Woolf, V., *Una stanza tutta per sé*, Feltrinelli, Milano 2013.
Wollstonecraft, M., *Sui diritti delle donne*, Edizioni Clandestine, Cinisello Balsamo 2018.
Zappino, F., *Il genere tra neoliberalismo e neofondamentalismo*, Ombre Corte, Verona 2016.

Indice